Jutta Sauer

Praxishandbuch Korrespondenz

Jutta Sauer

Praxishandbuch Korrespondenz

Professionell, kundenorientiert
und abwechslungsreich formulieren

Mit Musterbriefen von A bis Z

3. Auflage

Bibliografische Information der Deutschen Nationalbibliothek
Die Deutsche Nationalbibliothek verzeichnet diese Publikation in der
Deutschen Nationalbibliografie; detaillierte bibliografische Daten sind im Internet über
<http://dnb.d-nb.de> abrufbar.

1. Auflage 2004
2. Auflage 2005
3. Auflage 2008
Nachdruck 2010

Alle Rechte vorbehalten
© Gabler | GWV Fachverlage GmbH, Wiesbaden 2008

Lektorat: Maria Akhavan-Hezavei

Gabler ist Teil der Fachverlagsgruppe Springer Science+Business Media.
www.gabler.de

Das Werk einschließlich aller seiner Teile ist urheberrechtlich geschützt. Jede Verwertung außerhalb der engen Grenzen des Urheberrechtsgesetzes ist ohne Zustimmung des Verlags unzulässig und strafbar. Das gilt insbesondere für Vervielfältigungen, Übersetzungen, Mikroverfilmungen und die Einspeicherung und Verarbeitung in elektronischen Systemen.

Die Wiedergabe von Gebrauchsnamen, Handelsnamen, Warenbezeichnungen usw. in diesem Werk berechtigt auch ohne besondere Kennzeichnung nicht zu der Annahme, dass solche Namen im Sinne der Warenzeichen- und Markenschutz-Gesetzgebung als frei zu betrachten wären und daher von jedermann benutzt werden dürften.

Umschlaggestaltung: Nina Faber de.sign, Wiesbaden
Satz: ITS Text und Satz Anne Fuchs, Bamberg
Druck und buchbinderische Verarbeitung: Krips b.v., Meppel
Gedruckt auf säurefreiem und chlorfrei gebleichtem Papier
Printed in the Netherlands

ISBN 978-3-8349-0784-4

Vorwort zur dritten Auflage

> **Schreiben ist leicht. Man muss nur die falschen Wörter weglassen.**
> (Mark Twain, 1835 – 1910)

Liebe Leserin,
lieber Leser,

kundenorientiertes Verhalten und Servicequalität sind in den letzten Jahren immer wichtiger geworden. Es reicht nicht, wenn wir unseren Kunden qualitativ hochwertige Produkte anbieten. Professionelle Kommunikation und gute Geschäftsbeziehungen sind bedeutende Erfolgsfaktoren, die vielen Unternehmen helfen, sich am Markt zu behaupten.

Aus diesem Grund arbeiten viele deutsche Unternehmen mit Hochdruck daran, ihre Korrespondenz kundenfreundlicher und serviceorientierter zu gestalten. Ziel von vielen Corporate-Identity-Projekten ist es, die Korrespondenz zu entstauben und alte Floskeln über Bord zu werfen. E-Mails und Briefe, die im Amtsdeutsch verfasst sind, wirken oft streng, unfreundlich und manchmal sogar gönnerhaft bzw. überheblich. Deshalb ist es äußerst wichtig, dass ein modernes, zukunftsorientiertes Unternehmen zeitgemäße E-Mails verschickt, die der Empfänger gerne öffnet und schnell liest.

Sprache ist lebendig und verändert sich. Deshalb bieten wir Ihnen nun die dritte, überarbeitete Auflage unseres Praxishandbuches an. Es ist unser Ziel, dieses Buch auch in Zukunft regelmäßig für Sie zu aktualisieren. Wenn Sie besonders gelungene Briefe oder E-Mails erhalten, leiten Sie diese an www.sauer-seminare.de weiter. Gerne nehme ich gute Beispiele in mein Buch auf, damit viele Leser davon profitieren können.

Ich wünsche Ihnen viel Erfolg bei Ihrer Korrespondenz und viel Spaß beim Lesen.

Niedernberg, im Januar 2008   *Jutta Sauer*

Vorwort zur zweiten Auflage

Liebe Leserin,
lieber Leser,

schon ein Jahr nach Erscheinen dieses Buches geben wir eine neue, aktualisierte Auflage heraus. Dies hat im Wesentlichen zwei Gründe:

Erstens, die große Resonanz auf dieses Buch hat uns bewiesen, dass es sehr vielen Menschen am Herzen liegt, ihre Korrespondenz auf den neuen Stand zu bringen und so ihr Unternehmen nach außen optimal zu repräsentieren. Durch die rasante Zunahme von E-Mails werden wir mit Informationen regelrecht überschüttet. Viele Telefonate werden heute durch elektronische Post ersetzt. So wird es immer wichtiger für uns, kurz, klar, präzise, aber gleichzeitig lese- und kundenfreundlich zu formulieren. Nur so können wir erreichen, dass unsere Kunden unsere Briefe gerne lesen. Kein Wunder also, dass empfänger- und serviceorientierte Korrespondenz heute ganz hoch im Kurs steht. „Wer schreibt, der bleibt!" Die Art und Weise, wie wir schriftlich kommunizieren, entscheidet, ob wir in guter oder schlechter Erinnerung bleiben.

Zweitens, die DIN 5008 hat sich geändert! Da es unser Ziel ist, Ihnen ein aktuelles Nachschlagewerk anzubieten, das wirklich auf dem neuen Stand ist, haben wir uns entschlossen, sofort zu handeln und eine neue Version dieses Handbuchs auf den Markt zu bringen.

Ich wünsche Ihnen viele interessante Stunden beim Lesen dieses Buches und freue mich, wenn Sie meine Anregungen aufgreifen und in die Praxis umsetzen. Viel Spaß und Erfolg!

Niedernberg, im Februar 2005   *Jutta Sauer*

Vorwort zur ersten Auflage

Liebe Leserin,
lieber Leser,

herzlichen Glückwunsch! Sie haben sich entschieden, frischen Wind in Ihre Korrespondenz zu bringen und alte Floskeln auszumerzen. Dieses Buch wird Ihnen helfen, alte Zöpfe abzuschneiden und unnötigen Ballast über Bord zu werfen! Ich bin sicher, dass Sie viel Spaß daran haben werden, Uraltformulierungen und Amtsdeutsch durch moderne und gleichzeitig kundenorientierte Wendungen zu ersetzen.

Aus eigener Erfahrung wissen Sie, dass wir heute mit Briefen und E-Mails regelrecht überflutet werden. Sekretärinnen und Führungskräfte haben mir berichtet, dass es Tage gibt, an denen sie mehr als 30 E-Mails erhalten. Ein Großteil dieser Korrespondenz ist farblos, bürokratisch oder gespickt mit Amtsdeutschfloskeln.

Obwohl die Korrespondenz eine Visitenkarte des Unternehmens ist, hat moderner und kundenfreundlicher Schreibstil noch Seltenheitswert. Nutzen Sie deshalb die Chance, sich durch Ihre Korrespondenz von Ihren Mitbewerbern abzuheben.

Durch Ihre professionelle Korrespondenz können Sie so viel erreichen:

- Sie überzeugen Ihre Geschäftspartner von Ihrer Professionalität.
- Sie glätten Wogen und stimmen verärgerte Gesprächspartner positiv.
- Sie steigern gezielt das Image Ihres Unternehmens.
- Ihre Briefe und E-Mails werden gern gelesen.

Schlagen Sie deshalb einen neuen Weg ein, und denken Sie immer daran, dass Ihre „schriftliche Rhetorik" entscheidend dazu beiträgt, Sie Ihren Zielen ein Stück näher zu bringen.

Ich wünsche Ihnen viel Spaß beim Lesen dieses Buches und freue mich, wenn Sie so viel wie möglich umsetzen!

Niedernberg, im Frühjahr 2004 *Jutta Sauer*

Inhalt

Vorwort zur dritten Auflage	5
Vorwort zur zweiten Auflage	7
Vorwort zur ersten Auflage	8

Kapitel 1
Ist Ihre Korrespondenz wirklich die Visitenkarte Ihres Unternehmens? ... 13

Kapitel 2
So erreichen Sie, dass Ihre Korrespondenz gelesen wird! ... 17
Stellen Sie den Empfänger in den Mittelpunkt ... 17
Der gelungene Einstieg ... 18
Das gelungene Briefende – der letzte Eindruck ist entscheidend ... 24

Kapitel 3
Korrespondenz von A – Z ... 29
Abkürzungen ... 29
Absätze ... 33
Abschnitte ... 33
Absender ... 34
Anführungszeichen ... 35
Anlage(n) ... 35
Anrede ... 36
Anschriftfeld ... 42
Aufzählungen ... 49
Auslandsanschrift ... 50
Betreff ... 51
Bankleitzahl ... 52
Beglaubigungsvermerke ... 53
Berufsbezeichnungen/Amtsbezeichnungen ... 53
Bezugszeichen ... 55
Bindestrich ... 57
Blocksatz oder Flattersatz? ... 58
Briefabschluss ... 61
E-Mail ... 62
Geschäftsangaben ... 62
Hervorhebungen ... 63

Inhaltsverzeichnisse	63
Satzzeichen	70
Schriftarten, -größen und -stile	70
Seitennummerierung	70
Schriftzeichen für Wörter	71
Straßennamen	73
Währungsbezeichnungen	74
Zeilenabstand	74
Zeilenanfang und -ende	74
Zentrieren	74
Ziffern und Zahlen	75
Unterschriften und Zeichnungsvollmachten	77

Kapitel 4
Entrümpeln Sie Ihre Korrespondenz 81

Vermeiden Sie Streckformen	81
So rücken Sie Doppelformulierungen und unnötigem Ballast zu Leibe	83
Überflüssige Adjektive	83
Überflüssige Vorsilben	84
Überflüssige Synonyme	85
Überflüssige Partizipien	86
Einfache Wörter statt komplizierte Ausdrücke	88
Vorreiter	88
Verzichten Sie auf Füllwörter	90
Weitere stilistische Unebenheiten, die Sie kennen sollten!	93
Missverständlich gebrauchte Partizipien	93
Indikativ statt Konjunktiv	94
Vermeiden Sie falsch gebrauchte Superlative!	95
Meiden Sie Kanzleideutsch!	96
Verzichten Sie auf Uraltfloskeln und Ärmelschonerdeutsch	100
Aktiv statt Passiv	108

Kapitel 5
So werden Ihre Briefe noch kundenorientierter 111

Kundenorientiert schreiben in der „Sie"-Form	111
Formulieren Sie positiv!	113
Formulieren Sie kundenorientiert!	116
Wer fragt, der führt	117
Fragen und bitten, statt fordern und erwarten	118

Kapitel 6
Brieftypen von A – Z 119

Absagen 119
Angebote 134
Beschwerden 138
Professionelle Reklamationsbearbeitung 143
Dankesbriefe 152
Einladungen 158
Entschuldigungsbriefe 165
Glückwunschbriefe 167
Hotelreservierungen 179
Kondolenzbriefe 183
Preisanpassungen 188
Terminzusagen und -bestätigungen 191
Weihnachten und Neujahr 196
Zahlungserinnerungen und Mahnungen 200

Literaturverzeichnis 209

Stichwortverzeichnis 211

Danksagung und Schlusswort 214

Die Autorin 215

Kapitel 1

Ist Ihre Korrespondenz wirklich die Visitenkarte Ihres Unternehmens?

- **Sehen Schriftstücke, die Ihr Unternehmen verlassen, einheitlich aus?**
- **Entspricht Ihr Briefstil Ihrer Unternehmensphilosophie?**
- **Sind Ihre Formulierungen zeitgemäß und kundenorientiert?**

Im Sinne des einheitlichen Auftretens nach außen führen viele deutsche Unternehmen umfangreiche Corporate-Identity-Projekte durch. Aber was steckt hinter diesem abstrakten Begriff? Natürlich ist klar, dass sich die Kunden und Mitarbeiter mit dem Unternehmen identifizieren sollen. Auch ist klar, dass ein Ziel von Corporate Identity das einheitliche Auftreten nach außen ist. Doch hier schon beginnen die Probleme. Es ist nicht schwer, im Rahmen von Corporate Design einheitliches Briefpapier und Formulare zu entwerfen. Viel schwieriger ist es, die Mitarbeiter dazu zu bringen, diese Vorlagen auch einheitlich auszufüllen.

Form und Norm

In den meisten Ausbildungsberufen wird zwar der Umgang mit einem Textverarbeitungsprogramm vermittelt. Die einheitlichen Gestaltungsregeln nach DIN 5008 sind jedoch Hausaufgaben, die oft nicht gemacht werden, weil viele Mitarbeiter gar nicht wissen, dass es eine Norm für die Textverarbeitung gibt. So wird in deutschen Unternehmen munter gestritten, ob der Betreff fett geschrieben werden soll oder ob er denn überhaupt noch existiert. Jeder Mitarbeiter kocht sein eigenes Süppchen, und die Briefe, Faxe und E-Mails, die das Unternehmen verlassen, sehen ziemlich uneinheitlich aus. Kunden, die mit mehreren Abteilungen korrespondieren und die erhaltenen Schriftstücke in einen Ordner heften, können manchmal gar nicht glauben, dass all diese Schreiben aus ein- und demselben Unternehmen stammen. Schon hier scheitert das einheitliche Auftreten nach außen! Viele Unternehmen schaffen es einfach nicht, einheitliche Richtlinien zum Gestalten von Schriftstücken auf Basis der DIN 5008 zu entwickeln.

Natürlich mag es Menschen geben, die die eine oder andere Regel der DIN 5008 nicht für „hübsch" halten. Aber was ist eigentlich „hübsch"? Wenn Sie 100 Menschen fragen, was ihnen besser gefällt, dann erhalten Sie wahrscheinlich 100 verschiedene Aussagen. So meinte zum Beispiel eine meiner Seminarteilnehmerinnen, es sehe wesentlich netter aus, §65 BGB zu schreiben statt richtig § 65 BGB. Der DIN-Ausschuss arbeitet jedoch auf Grundlage der deutschen Rechtschreibung, und wenn Sie in diesem Beispiel das Zeichen für Paragraph als Wort ausschreiben, dann wäre doch selbstverständlich, dass Sie zwischen der Zahl und dem Wort einen Leerschritt machen. Ich bin der Meinung, dass wir das hübsch finden, was wir gewohnt sind. Wenn Sie die eine oder andere Schreibweise im ersten Moment nicht schön finden, dann wird sich Ihre Meinung ändern, wenn Sie sich daran gewöhnt haben.

Korrespondenz und Unternehmensphilosophie

Zu Corporate Identity gehört auch die Identifikation mit der Unternehmensphilosophie. Welche Philosophie verfolgt Ihr Unternehmen? Welches Bild vermittelt Ihr Unternehmen durch Werbemaßnahmen und Public-Relations-Aktionen?

Beschreibt sich Ihr Unternehmen als modern und zukunftsorientiert? Werden gleichzeitig jedoch Briefe und Faxe verschickt, in denen es vor Uraltfloskeln nur so wimmelt? Wirken verstaubte Ausdrücke wie „Bezug nehmend auf Ihr Schreiben vom ..." oder: „wir verbleiben bis dahin" modern und zukunftsorientiert? Na ja, vielleicht verwenden Sie gerade diese beiden Amtsdeutschfloskeln nicht mehr, aber wann haben Sie sich das letzte Mal die Zeit genommen, Ihre Korrespondenz zu entrümpeln? Eine Sprache ist lebendig und ändert sich. Oft werden aber gerade in der Korrespondenz noch Ausdrücke verwendet, die verstaubt und wenig dynamisch wirken.

Kundenorientierte Ausdrucksweise

Hat auch Ihr Unternehmen sich den Begriff „Kundenorientierung" auf die Flagge geschrieben? Klingt Ihre Korrespondenz im Gegenzug dazu auch wirklich kundenorientiert? Neulich erst las ich folgenden Satz in einer E-Mail: „Ihre Antwort erwarten wir bis 25. Februar 20.." Wäre die Version: „Bitte antworten Sie uns bis ..." oder „Können Sie uns bitte bis ... antworten?" nicht wesentlich höflicher und kundenorientierter? Oder kennen Sie den Satz: „Das Formular ist ausgefüllt und unterschrieben an uns zurückzusenden." Es handelt sich hierbei um einen Befehl und nicht um eine höfliche Bitte. Netter wäre doch: „Bitte senden Sie uns das ausgefüllte und unterschriebene Formular bis ... zurück."

Sie kennen sicherlich den Spruch: „Für den ersten Eindruck gibt es keine zweite Chance!" Ein in der Werbung aufgebauter Eindruck ist aber auch schnell verdorben, wenn die spätere Zusammenarbeit und Kommunikation im krassen Widerspruch dazu steht. Hatten Sie schon einmal folgendes Erlebnis? Sie sehen auf einer Party einen glänzend aussehenden Menschen. Sie sprechen diese Person an, und sobald diese den Mund aufmacht, haben Sie nur noch den Wunsch, sich wieder zurückzuziehen.

Kürzlich forderte ich die Corporate-Identity-Broschüre eines Lieferanten an. In diesem Büchlein war die Philosophie des Unternehmens genau beschrieben. Besonders beeindruckte mich die Aussage: „Wir sind anderen immer einen Schritt voraus!". Welches Unternehmen möchte nicht modern, fortschrittlich und immer am Puls der

Ist Ihre Korrespondenz wirklich die Visitenkarte Ihres Unternehmens?

Zeit sein? Umso entsetzter war ich über das Anschreiben, das dieser Broschüre beilag:

> *Sehr geehrte Frau Sauer,*
>
> *Bezug nehmend auf unser heutiges Telefonat freuen wir uns, Ihnen in der Anlage unsere neue Corporate-Identity-Broschüre überreichen zu dürfen. Wir erlauben uns außerdem, Ihnen beiliegend einen Produktkatalog zu übersenden.*
>
> *Sollten Sie noch Fragen haben, rufen Sie uns bitte an. Unser Herr Muster steht Ihnen jederzeit gerne zur Verfügung.*
>
> *Mit freundlichen Grüßen*

Der Stil dieses Briefes ist weder modern noch fortschrittlich und schon gar nicht anderen Unternehmen einen Schritt voraus. Eine Uraltfloskel jagt die nächste!

Entspricht die Korrespondenz Ihres Unternehmens Ihrer Unternehmensphilosophie, oder existieren auch bei Ihnen noch Textbausteine, die bereits vor 20 Jahren entworfen worden sind? Unsere Sprache hat sich verändert, doch alte Floskeln haben ein langes Leben. Würde der folgende Brief nicht besser zu der Aussage: „Wir sind anderen immer einen Schritt voraus!" passen?

> *Guten Tag, Frau Sauer,*
>
> *vielen Dank für Ihr Interesse an unserer Corporate-Identity-Broschüre. Wie gewünscht, erhalten Sie ein druckfrisches Exemplar unseres Produktkataloges.*
>
> *Haben Sie Fragen oder brauchen Sie weitere Informationen? Dann wenden Sie sich bitte an Herrn Muster. Er berät Sie gern.*
>
> *Freundliche Grüße aus Musterhausen*

Kapitel 2

So erreichen Sie, dass Ihre Korrespondenz gelesen wird!

Stellen Sie den Empfänger in den Mittelpunkt!

Menschen werden heute mit Informationen regelrecht bombardiert. Deshalb ist es wichtiger als je zuvor, klar, deutlich, überzeugend und floskelfrei zu kommunizieren.

Was erwartet Ihr Leser? Er erwartet relevante Informationen, die in einem klaren und leicht verständlichen Stil präsentiert werden. Verzichten Sie deshalb auf langatmige Einleitungs- und Schlussfloskeln. Langweilen Sie ihn nicht mit Hintergrundinformationen, die er bereits besitzt, und verzichten Sie auf Geschäftsjargon und schwer verständliche Fachterminologie.

Ihr Leser wird Ihnen dankbar sein, wenn er die Hauptpunkte Ihres Schreibens bereits beim ersten Lesen mühelos erfassen kann. Niemand wühlt sich gerne durch lange, unübersichtliche Sätze, die zu allem Überfluss auch noch mit Abkürzungen und Fremdwörtern gespickt sind.

Versetzen Sie sich in die Lage Ihres Lesers, und passen Sie den Stil und Inhalt Ihres Briefes an seine Bedürfnisse an.

Stellen Sie sich folgende Fragen, bevor Sie zu schreiben beginnen:

- Wer ist mein Leser/meine Leserin?
- Was weiß er/sie bereits über das Thema?
- Welche Informationen braucht er/sie?
- Was ist interessant für ihn/sie?
- Was bewegt ihn/sie?
- Was beunruhigt ihn/sie?
- Was wird ihn/sie von meinen Standpunkt überzeugen?
- Wie wird er/sie wahrscheinlich auf meine Vorschläge reagieren?
- Welche Fachausdrücke versteht er/sie? Welche sollte ich erklären?

Der gelungene Einstieg

Wecken Sie das Interesse des Empfängers durch einen starken Einstieg. Stellen Sie wichtige Informationen an den Beginn, ohne mit der Tür ins Haus zu fallen. Folgende Regeln und Beispiele sollen Ihnen helfen, den Briefbeginn in Zukunft interessanter zu gestalten.

Wiederholen Sie nicht den Inhalt des erhaltenen Briefes

👎 Nicht so	👍 Neue Version
Wir beziehen uns auf Ihre Anfrage vom ... und teilen Ihnen hiermit mit, dass ...	Vielen Dank für Ihr Interesse an unseren Produkten. Sie erhalten das gewünschte Angebot.

👎 Nicht so	👍 Neue Version
Sie schrieben uns, dass ... Hierzu haben wir noch einige Fragen!	Vielen Dank für Ihren Brief. Bitte beantworten Sie uns noch folgende Fragen.

Ist ein Dank nicht viel netter als eine abgedroschene Bezugnahme? Wenn Sie mit einer Bezugnahme starten, dann vergeuden Sie Zeit und Geld Ihres Lesers. Die meisten Menschen überspringen derartig sinnlose Einleitungssätze und lesen gleich den zweiten oder dritten Absatz. So kann es durchaus vorkommen, dass wichtige Informationen übersehen werden.

Beginnen Sie Ihren Brief nicht mit „leider" oder „bedauerlicherweise"

👎 Nicht so	👍 Neue Version
Leider müssen wir Ihnen mitteilen, dass wir mit Ihrer Lieferung vom ... nicht zufrieden sind.	Vielen Dank für Ihre Lieferung vom ... Die Qualität der Ware entspricht jedoch nicht dem Muster.

👎 Nicht so	👍 Neue Version
Wir bedauern, Ihnen mitteilen zu müssen, dass die Geschäftsleitung beschlossen hat, die in Berlin geplante Projektsitzung nun doch in München stattfinden zu lassen.	Die Geschäftsleitung hat beschlossen, dass die Projektsitzung in München stattfinden wird.

Langweilen Sie nicht mit einer Wiederholung des Betreffs

👎 **Nicht so**

Unser Telefonat am ...
Sehr geehrter Herr Muster,
wir beziehen uns auf das o. g. Telefonat und bestätigen Ihnen, dass ...

👍 **Neue Version**

Unser Telefonat am ...
Sehr geehrter Herr Muster,
gerne bestätigen wir Ihnen, dass ...

Verzichten Sie auf „hiermit" oder „mit diesem Schreiben"

👎 **Nicht so**

Mit diesem Schreiben erhalten Sie das gewünschte Angebot.

👍 **Neue Version**

Vielen Dank für Ihr Interesse an unseren Produkten. Sie erhalten das gewünschte Angebot.

👎 **Nicht so**

Hiermit bestätigen wir Ihnen, ...

👍 **Neue Version**

Wie gewünscht/Gern bestätigen wir Ihnen, ...

„Sie" statt „wir"

Der Esel nennt sich immer zuerst. Starten Sie deshalb Ihren Brief nach Möglichkeit nicht mit „wir" oder „ich". Stellen Sie Ihren Empfänger in den Mittelpunkt, und beginnen Sie mit „Sie".

👎 **Nicht so**

Guten Tag, Herr Muster,
wir freuen uns über Ihr Interesse an ...

👍 **Neue Version**

Guten Tag, Herr Muster,
vielen Dank für Ihr Interesse an unseren Produkten.

So können Sie Ihren Brief beginnen!

Dank

Beispiele:

Vielen Dank für Ihr detailliertes Angebot.

Vielen Dank für Ihr Interesse an unseren Produkten.

Vielen Dank für Ihre E-Mail. Gerne beantworten wir Ihre Fragen.

Danke für die schnelle Reaktion auf unsere Anfrage.

Vielen Dank für Ihre prompte Reaktion auf unsere Anfrage.

Herzlichen Dank für Ihre nette Einladung.

Mit Ihren netten Zeilen und dem geschmackvollen Präsent haben Sie mir eine große Freude gemacht. Herzlichen Dank!

Vielen Dank für Ihre guten Wünsche zu meinem ... (Ereignis).

Vielen Dank für Ihre Anteilnahme und tröstenden Worte zum Tod ... (meiner Frau/unseres Seniorchefs).

Vielen Dank für Ihre Unterstützung bei ...

Vielen Dank für Ihre offenen Worte. Ihre Situation verstehen wir sehr gut. Gerne kommen wir Ihnen entgegen und schlagen Ihnen Folgendes vor: ...

Gerne/wie gewünscht

Beispiele:

Gerne senden wir Ihnen die gewünschten Unterlagen.

Wie gewünscht, erhalten Sie unseren Produktkatalog.

Gerne bestätigen wir Ihnen, dass ...

Gerne geben wir Ihnen die gewünschte Auskunft über ...

Gerne beantworten wir Ihre Fragen.

Wie vereinbart

Beispiel:

Wie vereinbart, erhalten Sie den Vertrag über ...

Frage

Beispiele:

Haben Sie unsere Rechnung über ... erhalten?

Haben Sie meine E-Mail vom ... erhalten?

Haben Sie daran gedacht, dass ...?

Quelle

> **Beispiele:**
>
> Ihre Produktpräsentation auf der Hannover-Messe hat uns sehr beeindruckt.
>
> Herr Muster hat mir empfohlen, mich wegen ... an Sie zu wenden.
>
> Von Frau Muster haben wir erfahren, dass Ihr Unternehmen auf ... spezialisiert ist.
>
> Ihre Anzeige in der Frankfurter Rundschau hat unser Interesse geweckt.
>
> Herr Professor Muster hat uns an Sie weiterempfohlen.

Blickfänger

Ein Blickfänger ist ein kurzer Einleitungssatz von vier bis fünf Wörtern, der den Leser neugierig macht und zum Weiterlesen veranlasst.

> **Beispiele:**
>
> Die Hannover-Messe steht kurz bevor!
>
> Es ist so weit!
>
> Weihnachten steht vor der Tür.

Wortspiel

> **Beispiel:**
>
> Liebe Kolleginnen, liebe Kollegen,
>
> wer viel arbeitet, der soll auch *feste* feiern! Zu unserem diesjährigen Sommerfest am ... laden wir Sie herzlich ein.

Zitat

Zitate eignen sich besonders für Briefe zu besonderen Gelegenheiten, wie z. B. Glückwunschbriefe, Dankesbriefe, Einladungen usw.

> **Beispiel:**
>
> *Erblickt ein Kind das Licht der Welt,*
> *erscheint ein Stern am Firmament,*
> *er strahlt für dich tagaus, tagein*
> *und wird dein Wegbegleiter sein,*
> *er schützt dich vor Gefahr und Leid,*
> *schenkt dir viel Glück und Heiterkeit.*
>
> Liebe Frau Muster,
> lieber Herr Muster,
>
> dieser Spruch von Hans Karthaus fiel mir ein, als ich gestern hörte, dass Ihre kleine Tochter Stella auf die Welt gekommen ist ...

Betreff, der ins Auge fällt

Auch den Betreff können Sie als Blickfänger benutzen. Beginnen Sie nicht langweilig, sondern bringen Sie von Anfang an Pfiff in Ihren Text.

> **Beispiel 1:**
>
> **Herzlichen Dank für Ihr Interesse an unseren Produkten!**
>
> Sehr geehrte Frau XY,
>
> gerne senden wir Ihnen das gewünschte Angebot über ...

> **Beispiel 2:**
>
> **Eine spannende Zeit steht Ihnen bevor – ereignisreich und voller schöner Momente!**
>
> Liebe Frau Muster,
> lieber Herr Muster,
>
> herzlichen Glückwunsch zur Geburt Ihrer kleinen Tochter Chiara-Marie ...

> **Beispiel 3:**
>
> **Vielen Dank für Ihre offenen Worte**
>
> Sehr geehrter Herr Muster,
>
> Ihre Situation verstehen wir sehr gut. Selbstverständlich können Sie erwarten, dass wir unsere Liefertermine einhalten ...

Beispiel 4:

Halten Sie sich auf dem Laufenden

Liebe Kolleginnen, liebe Kollegen,

Informationen sind besser als Spektulationen. Deshalb laden wir Sie herzlich zu unserer Betriebsversammlung am ... ein ...

Beispiel 5:

Herzlichen Glückwunsch zur bestandenen Prüfung!

Sehr geehrter Herr Muster,

keine Minute haben wir daran gezweifelt, dass Sie es schaffen werden ...

Beispiel 6:

Ihre Bewerbung ist in die engere Wahl gekommen

Sehr geehrte Frau Muster,

vielen Dank für Ihre ansprechenden Unterlagen. Gerne möchten wir Sie kennen lernen ...

Beispiel 7:

Danke für Ihre schnelle und unbürokratische Hilfe!

Sehr geehrter Herr Muster,

letzte Woche waren wir wirklich in einer schwierigen Lage. Durch Ihre tatkräftige Unterstützung ist es gelungen ...

Beispiel 8:

Herzlichen Dank für Ihren Auftrag

Guten Tag Frau Muster,

die 50 Locher Deskpoint haben wir wie gewünscht sofort an Sie abgeschickt ...

Das gelungene Briefende – der letzte Eindruck ist entscheidend

Zuerst liest der Empfänger den Briefbeginn und entscheidet, ob er überhaupt weiterlesen möchte. Dann liest er das Briefende und fragt sich: „Was will der Empfänger überhaupt von mir?" Erst wenn er sich diese Fragen positiv beantwortet hat, liest er die Mitte des Briefes. Verschenken Sie deshalb nicht den Briefschluss mit leeren Floskeln.

Auf folgende Phrasen sollten Sie in Zukunft verzichten:

👎 Nicht so

Wir hoffen (1), diese Angelegenheit (2) damit abschließend (3) geklärt zu haben.

Analyse

(1) Hoffen ist nicht wissen.
(2) Amtsdeutsch
(3) Wehe du meldest dich wieder!

👍 Neue Version

Wenn Sie weitere Informationen brauchen, rufen Sie uns bitte an. Wir beraten Sie gern.

oder

Ihre weiteren Fragen beantwortet Ihnen gerne Herr Muster unter der Telefonnummer 123.

oder

Haben Sie weitere Fragen? Sie erreichen uns unter der Telefonnummer 123. Wir helfen Ihnen gern.

👎 Nicht so

Für Ihre Mühe/Bemühungen (1) danken wir Ihnen im Voraus.

Analyse

(1) Ende positiv! Weder „Mühe" noch „Bemühungen" wecken positive Gefühle!

👍 Neue Version

Herzlichen Dank für Ihre Unterstützung.

oder

Schon jetzt vielen Dank für Ihre Hilfe!

Das gelungene Briefende – der letzte Eindruck ist entscheidend

👎 Nicht so

Wir bedauern (1), Ihnen keine positivere Nachricht geben zu können und verbleiben (2) …

Analyse

(1) Ende positiv!
(2) Vorsicht Floskel! Wo verbleiben Sie denn? Sie arbeiten doch hoffentlich weiter.

👍 Neue Version

Sobald wir weiteren Bedarf haben, werden wir uns gerne wieder an Sie wenden.

oder

Wir sind überzeugt, dass Sie schon sehr bald einen geeigneten Kooperationspartner finden werden. Viel Erfolg!

oder

Wir sind sicher, dass Sie schon sehr bald die Position finden, die Ihren Vorstellungen entspricht. Viel Erfolg!

👎 Nicht so

Wir hoffen (1), Ihnen damit weitergeholfen zu haben (2).

Analyse

(1) Hoffen ist nicht wissen.
(2) Die Vergangenheitsform schließt dem Kunden die Tür. Enden Sie mit einem Türöffner.

👍 Neue Version

Haben Sie weitere Fragen? Rufen Sie uns bitte an. Wir beraten Sie gern.

oder

Rufen Sie uns an, wenn Sie weitere Fragen haben. Wir sind gerne für Sie da!

👎 Nicht so

Wir erwarten (1) Ihre Antwort bis Mitte nächster Woche (2).

Analyse

(1) Das Wort „erwarten" wirkt streng und unhöflich. Das Zauberwort „bitte" fehlt in diesem Satz.
(2) Setzen Sie konkrete Termine, damit der Empfänger korrekte Prioritäten setzen kann.

👍 Neue Version

Können Sie uns bitte bis ... antworten?

oder

Bitte antworten Sie uns bis ... Vielen Dank!

👎 Nicht so

Sollten Sie noch (1) Fragen haben, stehen wir Ihnen jederzeit (2) gerne zur Verfügung (3).

Analyse

(1) Diese Wendung klingt nicht gerade einladend!
(2) Wirklich „jederzeit"?
(3) Drücken Sie sich aktiver aus. „Zur Verfügung stehen" ist eine sehr passive Floskel.

👍 Neue Version

Helfen Ihnen diese Informationen? Wenn Sie weitere Fragen haben, rufen Sie uns bitte an.

oder

Sie können sich gerne an uns wenden, wenn Sie weitere Fragen haben. Wir beraten Sie gern.

Hier sind einige Beispiele für ein gelungenes Briefende!

Enden Sie mit einem Servicesatz

- Schreiben Sie uns, wenn Sie weitere Fragen haben.
- Wenn Sie weitere Fragen haben: Bitte wenden Sie sich an ... Sie erreichen uns ...
- Haben Sie weitere Fragen? Sie erreichen uns ...
- Wegen des Termins meldet sich Frau Muster bis ... bei Ihnen.
- Ihre Fragen beantworten wir Ihnen gerne unter der Telefonnummer ...
- Details erklärt Ihnen gerne unser Servicetechniker, Peter Muster. Sie erreichen ihn ...
- Wenn Sie weitere Informationen brauchen, sprechen Sie uns an. Wir beantworten Ihre Fragen gern.
- Bitte rufen Sie uns an, wenn Sie weitere Informationen wünschen.

Schließen Sie mit einem Appell

- Bitte senden Sie uns die Unterlagen bis ... zu. Vielen Dank.
- Damit wir Ihnen schnell helfen können, schicken Sie uns bitte Ihre Angaben bis ... zu. Herzlichen Dank.
- Damit wir Ihre Wunschküche optimal für Sie planen können, senden Sie uns bitte die Grundrisse bis ... zu.
- Damit wir Ihren Wunschtermin einhalten können, senden Sie uns bitte den ausgefüllten und unterschriebenen Antrag bis ... zu.
- Mit Ihrer schnellen Antwort helfen Sie uns, ...
- Sobald wir Ihre Antwort haben, können wir ... Bitte schicken Sie uns deshalb ... bis zurück.
- Bitte teilen Sie uns bis ... mit, ob Sie mit unserem Vorschlag einverstanden sind.
- Bitte informieren Sie uns bis ..., ob Sie mit dieser Lösung einverstanden sind.
- Rufen Sie mich bitte bis ... an, damit wir Einzelheiten besprechen können.
- Bitte setzen Sie sich sofort mit uns in Verbindung. So können Sie sicherstellen, dass ...
- Bitte denken Sie daran, uns ... bis ... zu schicken. Schon jetzt vielen Dank.
- Nur wenn wir Ihre Antwort bis ... haben, können wir ...

Auf gute Partnerschaft

- Wir freuen uns auf die weitere gute Zusammenarbeit mit Ihnen.
- Auf gute Zusammenarbeit!

Wir hören/sehen uns

- Herr Muster ruft Sie am ... an, um einen Termin mit Ihnen zu vereinbaren.
- Weitere Einzelheiten erklärt Ihnen gerne unser Servicetechniker, Herr ... Sie erreichen ihn ...
- Herr Muster ruft Sie am ... an, um Einzelheiten mit Ihnen zu besprechen.
- Wir freuen uns auf Ihren Besuch an unserem Messestand.
- Wir freuen uns auf Ihren Besuch und wünschen Ihnen eine gute Anreise.
- Wir freuen uns darauf, Sie kennen zu lernen.
- Wir sehen uns in der nächsten Woche. Bis dahin herzliche Grüße.

Kombinieren Sie Fragen mit einem Appell

- Sind Sie mit dieser Lösung einverstanden? Wir freuen uns auf Ihre Antwort.
- Stimmen Sie unserem Vorschlag zu? Bitte informieren Sie uns bis ...
- Können Sie uns diese Unterlagen noch heute zuschicken? Vielen Dank!
- Können Sie mit ... klären ob ... ? Bitte rufen Sie mich bis ... zurück.

Kapitel 3

Korrespondenz von A – Z

Abkürzungen

Lesen Sie gern Texte, in denen es vor Abkürzungen nur so wimmelt? Wahrscheinlich nicht, denn Abkürzungen stören den Lesefluss. Bei jeder Abkürzung muss das Gehirn zusätzlich arbeiten, d. h. ergänzen, und deshalb ist das Lesen von Texten mit vielen Abkürzungen sehr anstrengend. Kundenorientiert formulieren heißt: Nur gebräuchliche Abkürzungen verwenden! Vermeiden Sie interne Abkürzungen, die dem Empfänger eventuell unbekannt sind. Wenn sich der Empfänger Ihres Schreibens erst Ihr persönliches Abkürzungsverzeichnis anfordern muss, um Ihren Text zu verstehen, dann haben Sie etwas falsch gemacht. Heilen Sie sich also von einer weit verbreiteten Unsitte, die sich „Abkürzeritis" oder auch „Abkürzungskrankheit" nennt. Da Abkürzungen den Lesefluss stören, verwenden Sie diese bitte sparsam und empfängerorientiert.

Manchmal jedoch sind Abkürzungen unvermeidbar und auch gebräuchlich. Allerdings sollten Sie die folgenden Regeln kennen und beachten.

Regel 1

Wird eine Abkürzung im vollen Wortlaut des ungekürzten Wortes gesprochen, so erhält sie einen Punkt.

Beispiele:

Abs.	Absender	ff.	folgende
Abt.	Abteilung	lfd.	laufend
allg.	allgemein	Nr.	Nummer
bzw.	beziehungsweise	ppa.	per prokura
ca.	circa, etwa	usw.	und so weiter
einschl.	einschließlich	usf.	und so fort
evtl.	eventuell	vgl.	vergleiche

Korrespondenz von A – Z

Folgen mehrere Abkürzungen aufeinander, so erfolgt nach jeder Abkürzung ein Leerschritt.

Beispiele:

a. D.	außer Dienst	s. o.	siehe oben
h. c.	honoris causa (ehrenhalber)	s. u.	siehe unten
i. A.	im Auftrag	u. Ä.	und Ähnliches
i. Allg.	im Allgemeinen	u. g.	unten genannt
i. V.	in Vertretung/in Vollmacht	v. H.	von Hundert
m. E.	meines Erachtens	v. T.	von Tausend
m. W.	meines Wissens	z. B.	zum Beispiel
o. a.	oben angegebene	z. T.	zum Teil

Regel 2

Wird eine Abkürzung buchstäblich oder wie ein selbstständiges Wort gesprochen, so ist sie ohne Punkt und ohne Leerschritt zu schreiben.

Beispiele:

AG	Aktiengesellschaft
BGB	Bürgerliches Gesetzbuch
BLZ	Bankleitzahl
EDV	Elektronische Datenverarbeitung
EU	Europäische Union
GmbH	Gesellschaft mit beschränkter Haftung
HGB	Handelsgesetzbuch
ISBN	Internationale Standardbuchnummer
KG	Kommanditgesellschaft
Lkw	Lastkraftwagen
OHG	Offene Handelsgesellschaft
Pkw	Personenkraftwagen
PLZ	Postleitzahl
USA	United States of America

Regel 3

Die meisten Maß-, Gewichts- und Währungseinheiten werden ohne Punkt abgeschlossen.

Beispiele:

mm	Millimeter	kg	Kilogramm
cm	Centimeter	t	Tonne
m	Meter	EUR	Euro
ha	Hektar		

Ausnahmen zu Regel 3:
St. (Stück), Ztr. (Zentner), Dtzd. (Dutzend), Pfd. (Pfund)

Regel 4

Verzichten Sie auf Abkürzungen, die unhöflich wirken.

Beispiele:

👎 Nicht	👍 Sondern
Fr. Müller	Frau Müller
Hr. Müller	Herr Müller

Regel 5

Steht eine Abkürzung mit Punkt am Ende eines Satzes, dann ist der Abkürzungspunkt zugleich der Schlusspunkt.

Regel 6

Verwenden Sie nur gebräuchliche Abkürzungen. Erfinden Sie auf keinen Fall selbst Abkürzungen. Im Zweifelsfall sehen Sie in einem Wörterbuch nach, ob eine Kürzungsmöglichkeit besteht.

Regel 7

Kurzwörter wie „und", „oder", „von" oder „vom" sollten Sie wirklich nur im Notfall kürzen. Sie sparen dadurch nur ein oder zwei Anschläge, und das lohnt sich nicht.

Regel 8

Verzichten Sie auf Akronyme.

Akronyme werden besonders in E-Mails sehr häufig verwendet. Da jedoch nicht jeder Empfänger ihre Bedeutung kennt, sollten Sie auf diese verzichten. Die folgende Liste ist nicht dafür gedacht, dass Sie Ihre E-Mails in Zukunft mit Akronymen spicken. Sie soll Ihnen helfen, diese in Zukunft besser zu verstehen.

Abkürzung	steht für	bedeutet etwa
AFAIK	as far as I know	soweit ich weiß
ASAP	as soon as possible	so bald wie möglich
BTW	by the way	übrigens
CUL	see you later	bis später
F2F	face to face	von Angesicht zu Angesicht
FAQ	frequently asked question	häufig gestellte Frage
FYA	for your amusement	zu deinem Vergnügen
FYEO	for your eyes only	vertraulich
FYI	for your information	zu deiner/Ihrer Information
HHOK	ha-ha, only kidding	ha ha, nur Spaß
HTH	hope that helps	ich hoffe, das hilft
IOW	in other words	mit anderen Worten
KISS	keep it simple and stupid	halte es so einfach wie möglich
NLT	no later than	nicht später als
OBTW	oh, by the way	ach, übrigens
OIC	oh, I see	oh, ich verstehe
OTOH	on the other hand	andererseits
PLS	please	bitte
PRES	presentation	Präsentation
QTYS	quantities	Mengen
RECD	received	erhalten
RGDS	regards	Grüße
THX	thanks	danke
TIA	thanks in advance	danke im Voraus
TMRW	tomorrow	morgen
TTYL	talk to you later	wir sprechen später
WRT	with regards to	Grüße an
WT	without thinking	ohne nachzudenken
YR	your	dein/deine/Ihr/Ihre

Absätze

Durch Absätze gestalten Sie Ihren Text übersichtlicher. Absätze sind vom vorhergehenden und folgenden Text durch jeweils eine Leerzeile (= zweimal schalten) zu trennen. Innerhalb eines Absatzes darf nicht in der Mitte der Zeile geschaltet werden.

- **Eingerückte Absätze.** Wenn Sie Absätze einrücken, dann nur komplett. Ein eingerückter Absatz beginnt 49,5 mm von der linken Blattseite bzw. 25,4 mm vom linken Schreibrand. Er wird vom vorhergehenden und folgenden Absatz durch eine Leerzeile getrennt.
- **Sinnvolle Gliederung des Textes.** Beachten Sie bei der Gestaltung Ihrer Texte die Regel: „Ein Thema, ein Absatz!".
- **Länge eines Absatzes.** Bitte vermeiden Sie zu lange Absätze. Das menschliche Auge empfindet ungegliederte Texte mit langen Absätzen als sehr unangenehm. Hier gilt die Faustregel: „Maximal fünf bis sechs Zeilen pro Absatz!".

Abschnitte

Texte können in Abschnitte gegliedert werden. Diese sind durch eine Abschnittsnummer und/oder eine Abschnittsüberschrift gekennzeichnet.

- Setzen Sie Abschnittsüberschriften durch je eine Leerzeile vom vorhergehenden Text und vom folgenden Text ab.
- Die Abschnittsüberschrift kann hervorgehoben werden (z. B. durch Fettschrift).
- Am Ende einer Abschnittsnummer steht kein Punkt.
- Fügen Sie nach der Abschnittsnummer mindestens zwei Leerzeichen ein, bevor Sie mit der Abschnittsüberschrift beginnen.

Beispiel:

1 Leitfaden zum besseren Briefstil

1.1.1 Ordnung, Gliederung und Übersichtlichkeit

Arbeiten Sie die Hauptgedanken heraus, ordnen Sie diese, und stellen Sie die inhaltlich zusammengehörenden Themen übersichtlich dar.

Beachten Sie, dass ein Brief aus einer Einleitung, einem Hauptteil und einem Schluss besteht. Fallen Sie also nicht mit der Tür ins Haus, sondern formulieren Sie stets einen angemessenen Einleitungs- und Schlusssatz.

1.1.2 Einfachheit, Natürlichkeit

Der Trend geht heute zum natürlichen Schreibstil. Lange verschachtelte Sätze, gespickt mit vielen Fremdwörtern und Fachausdrücken, die der Empfänger mehrmals lesen muss, bevor er sie versteht, gelten als nicht kundenorientiert. Auch unsere Kunden haben wenig Zeit. Langatmige, mehrseitige Briefe sehen schon auf den ersten Blick nach viel Arbeit aus. Viele Menschen neigen dazu, erst einmal das zu bearbeiten, was schnell zu gehen scheint. Wenn Sie also möchten, dass Ihr Brief gelesen wird, dann schreiben Sie kurz, prägnant, aber freundlich.

Absender

Briefblätter A4 mit Aufdruck

Für Vordrucke ist die Position des Absenders in der DIN 676 geregelt. Wenn Sie Fensterbriefhüllen verwenden, dann sollte Ihr Vordruck so gestaltet sein, dass die Absenderangabe in der Zeile über dem Anschriftfeld zu sehen ist. Es wird von der DIN empfohlen, als Schriftgröße 6 p (2,26 mm) zu verwenden und die Absenderangabe z. B. durch eine feine Linie vom unmittelbar anschließenden Anschriftfeld abzugrenzen.

Beispiel: Muster GmbH, Musterstraße 1, 12345 Musterhausen

.
.

Einschreiben-Rückschein
Frau
Maria Schneider
Marienweg 4
12345 Musterhausen

.
.

Briefblätter A4 ohne Aufdruck

Wenn Sie Briefblätter A4 ohne Aufdruck verwenden, beginnt die Absenderangabe in der 5. Zeile bzw. 16,9 mm von der oberen Blattkante.

Zur Absenderangabe gehören der Name, die Straße oder das Postfach, der Ort sowie im internationalen Schriftverkehr auch das Land. Die Angaben werden nicht durch Leerzeilen getrennt.

Beispiel: Jutta Sauer
Stettiner Straße 7
63843 Niedernberg
Deutschland

Selbstverständlich dürfen Sie Kommunikationsangaben, wie z. B. Telefon, Mobil, Telefax, E-Mail in der Absenderangabe ergänzen.

Beispiel: Jutta Sauer
Stettiner Straße 8
63843 Niedernberg
Telefon 06028 996370
Telefax 06028 996371

Achten Sie darauf, dass die Absenderangabe nicht in die Position des Anschriftfeldes rutscht, das heißt, sie soll im Sichtfenster des Umschlages nicht zu sehen sein.

Anführungszeichen

Anführungszeichen stehen ohne Leerzeichen vor und nach den von ihnen eingeschlossenen Textteilen. Sie werden zur Kennzeichnung von Eigennamen, Zitaten oder direkter Rede verwendet.

Beispiel: In unserem Unternehmen arbeiten wir mit „Lotus Notes".

Wenn Sie innerhalb einer direkten Rede zusätzlich etwas in Anführungszeichen setzen möchten, benutzen Sie bitte halbe Anführungszeichen. Dafür verwenden Sie das Zeichen für Apostroph.

Beispiel: Herr Bayer fragte: „Haben Sie das Seminar ‚Moderne Korrespondenz' besucht?"

Anlage(n)

Nach der maschinenschriftlichen Wiederholung von Vor- und Zuname am Briefende und der Angabe der Funktion im Unternehmen wird zweimal geschaltet (= eine Leerzeile).

Das Wort Anlage bzw. Anlagen können Sie fett drucken, damit es besser ins Auge fällt. Hinter das Wort „Anlagen" wird **kein Doppelpunkt** gesetzt.

Da der Korrespondenzpartner nach Erhalt des Schreibens die Vollständigkeit der Anlagen prüft, ist es kundenorientiert, die Anlagen einzeln aufzuführen, auch wenn die DIN 5008 dies nicht ausdrücklich vorschreibt. Erleichtern Sie dem Empfänger die Arbeit, indem Sie die beiliegenden Schriftstücke im Anlagevermerk angeben!

Beispiel 1:
Freundliche Grüße aus Musterdorf

Muster AG

i. A.

Peter Müller
Personalleiter

Anlage
Stellenbeschreibung

Beispiel 2:
Freundliche Grüße

Muster AG

i. A. Peter Müller

Anlagen
Referenzen
Stellenbeschreibung

Reicht der Platz am Blattende nicht aus, dann steht der Anlagenvermerk in Höhe der Grußformel, d. h. mit einer Leerzeile zum Brieftext bei 125,7 mm von der linken Blattkante.

Beispiel 3:

Wenn Sie weitere Informationen wünschen, rufen Sie uns bitte an. Wir beraten Sie gern.

Freundliche Grüße nach Musterhausen

Muster AG
Vertrieb Deutschland

i. A.

Peter Schneider

Anlagen
Farbprospekt
Preisliste

Anrede

Die Anrede beginnt an der Fluchtlinie und wird durch zwei Leerzeilen vom Betreff getrennt. Zwischen Anrede und Brieftext lassen Sie bitte eine Leerzeile.

Beispiel: Ihre Anfrage vom ... – Angebot

Sehr geehrter Herr Kunde,

herzlichen Dank für Ihr Interesse an unseren Produkten.

Gestalten Sie die Anrede möglichst empfängerorientiert. Damit Sie die richtige Anrede auswählen, stellen Sie sich folgende Fragen:

▶ **Frage 1: Wie gut kennen wir uns?**

Sprechen Sie Menschen nicht zu schnell mit „Liebe/Lieber ..." an. Diese Anrede setzt voraus, dass Sie bereits einen guten Kontakt aufgebaut haben. Sie ist bei einem Erstkontakt absolut deplatziert. Bei einem Glückwunschbrief oder einer Weihnachtskarte jedoch ist diese Anrede in vielen Fällen passend.

▶ **Frage 2: Wer ist der Empfänger?**

Während sich die Anrede „Guten Tag, Frau Muster" in der E-Mail sehr gut durchgesetzt hat, haben viele Menschen Vorbehalte, diese Anrede für die formelle Korrespondenz zu wählen.

Wenn Sie jedoch den Empfänger kennen und wissen, dass ihm diese Anrede wahrscheinlich angenehmer ist als die förmliche Anrede „Sehr geehrte/Sehr geehrter ...", dann dürfen Sie sie getrost verwenden.

Anrede von einer Person

Beispiele: Sehr geehrte Frau Muster,
Sehr geehrter Herr Bürgermeister,
Sehr geehrter Herr Professor Schneider,
Sehr geehrte Frau Dr. Müller,
Guten Tag, Frau Schneider,

Anrede von mehreren Personen

Beispiel: Sehr geehrte Damen und Herren,

Die Floskel „Sehr geehrte Damen und Herren" wirkt sehr unpersönlich. Verwenden Sie sie deshalb nur, wenn Sie den Namen des Empfängers nicht herausfinden können.

Wenn Sie zwei Personen ansprechen, empfiehlt es sich, für die zweite Anrede eine neue Zeile zu verwenden.

Beispiel: Sehr geehrter Herr Ahrens,
sehr geehrter Herr Schneider,

Wenn Sie mehrere Personen ansprechen, dann denken Sie bitte darüber nach, ob es nicht besser wäre, jeder Person einen eigenen Brief zu schicken. Im Verteilvermerk können Sie für den Empfänger aufzeigen, wer den Brief außerdem erhalten hat.

Anrede von Dame und Herr

Hier stellt sich immer wieder die Frage: Wen nennen Sie zuerst? Hier geben die gängigen Etiketteregeln Auskunft.

Im Privatbrief sprechen Sie zunächst die Dame, dann den Herrn an.

> **Beispiel:** Sehr geehrte Frau Ahrens,
> sehr geehrter Herr Ahrens,

Im Geschäftsbrief spielt das Geschlecht des Empfängers keinerlei Rolle. Hier ist die Hierarchie entscheidend. Sprechen Sie deshalb den Ranghöheren zuerst an. Befinden sich die Dame und der Herr auf der gleichen Hierarchiestufe, dann sprechen Sie die Dame zuerst an.

Anrede von Titelträgern

Personen mit einem Doktortitel

Der Doktortitel ist Namensbestandteil. Deshalb wird er in der Anrede genannt.

> **Beispiel:** Sehr geehrter Herr Dr. Peters,

Personen mit zwei Doktortiteln

Nur in der Anschrift werden beide Doktortitel genannt. In der persönlichen Anrede ist ein Doktortitel ausreichend.

> **Beispiel:** Anschriftfeld
>
> 1
> 2
> 3
> 1 Herrn
> 2 Dr. med. Dr. dent. Peter Marx
> 3 Marienstraße 5
> 4 12345 Musterstadt
> 5
> 6
>
> Anrede
>
> Sehr geehrter Herr Dr. Marx,

Anrede von Personen mit Professoren- und Doktortitel

Nach der DIN 5008 stehen akademische Grade (z. B. Dipl.-Ing.) direkt vor dem Namen. Bei dem Professorentitel ist es nicht erkennbar, ob es sich um eine Amtsbezeichnung oder einen akademischen Grad handelt. Die DIN 5008 empfiehlt deshalb, „Prof." vor den Namen zu setzen.

Beispiel: **Anschriftfeld**

1
2
3
1   Herrn
2   Prof. Dr. med. Dr. dent. Peter Marx
3   Marienstraße 5
4   12345 Musterstadt
5
6

In der Anrede wird jedoch nur der Professorentitel genannt.

Anrede

Sehr geehrter Herr Professor Marx,

Weibliche Professoren sprechen Sie entweder mit „Frau Professor Schneider" oder mit „Frau Professorin Schneider" an.

Anrede von Personen mit Adelstitel

Wie Sie Adelige richtig ansprechen, erfahren Sie in Etikettebüchern. Wenn Sie sich nicht sicher sind, sollten Sie den Empfänger oder seine Sekretärin anrufen und sich erkundigen. Das ist viel besser, als die Person einfach nach Gutdünken anzuschreiben.

Beispiel 1:   Baron/Baronin

Anschriftfeld

1
2
3
1   Frau
2   Petronella Baronin von Wallersee
3   Schlossgasse 1
4   12345 Schlosshausen
5
6

Anrede

Sehr geehrte Baronin von Wallersee,

Die Anrede „Sehr geehrte **Frau** Baronin von Wallersee," ist nicht korrekt.

Beispiel 2: Graf/Gräfin

Anschriftfeld

1
2
3
1 Herrn
2 Ludwig Graf von Wettershausen
3 Schlossgasse 1
4 12345 Schlosshausen
5
6

Anrede

Sehr geehrter Graf von Wettershausen,

Auch hier ist die Anrede „Sehr geehrter **Herr** Graf von Wettershausen" nicht korrekt.

Beispiel 3: Freifrau/Freiherr

Anschriftfeld

1
2
3
1 Frau
2 Hetty Freifrau von Sindels
3 Schlossgasse 1
4 12345 Schlosshausen
5
6

Um die Dopplung Frau/Freifrau zu vermeiden können Sie auch die moderne Variante „Hetty Freifrau von Sindels" verwenden.

Anrede

Sehr geehrte Frau von Sindels,

Bitte beachten Sie, dass der Adelstitel „Freifrau/Freiherr" zwar im Anschriftfeld, nicht aber in der Anrede genannt wird.

Kompliziert wird es, wenn der Adelige zugleich einen Doktoren- und/oder Professorentitel trägt.

Beispiel 4: Freifrau/Freiherr mit Doktortitel

Anschriftfeld

1
2
3
1 Frau
2 Dr. Marina Freifrau von Falkenstein
3 Schlossgasse 1
4 12345 Musterhausen
5
6

Anrede

Sehr geehrte Frau Dr. von Falkenstein,

Besonderheit: Der Adelstitel „Freifrau" bzw. „Freiherr" taucht als Namensbestandteil im Anschriftfeld auf, nicht aber in der Anrede, die schlicht „Frau von" oder „Herr von" lautet.

Beispiel 5: Baronin/Baron mit Doktortitel

Anschriftfeld

1
2
3
1 Frau
2 Dr. Petronella Baronin von Wallersee
3 Schlossgasse 1
4 12345 Musterhausen
5
6

Anrede

Sehr geehrte Dr. Baronin von Wallersee,

Der Titel Baron/Baronin wird sowohl im Anschriftfeld als auch in der Anrede benutzt. Bitte beachten Sie, dass in der Anrede „Herrn/Frau" wegfällt.

Anschriftfeld

Die letzte Ausgabe der DIN 5008 ist 2005 erschienen. Auf Wunsch der Deutschen Post AG wurde eine Änderung erarbeitet, die hauptsächlich das Anschriftfeld betrifft. Es war das Ziel der Änderung, eine größere Zusatz- und Vermerkzone zu erhalten, um eine elektronische Frankierung zu ermöglichen. Um dies zu erreichen, soll die Leerzeile zwischen der Straßenangabe mit Hausnummer und der Ortsangabe entfallen.

Das Anschriftfeld umfasst neun Zeilen und hat die Maße 85 x 40 mm. Es teilt sich auf in die Zusatz- und Vermerkzone (3 Zeilen) und die Anschriftzone (6 Zeilen).

Beispiel

```
1    Deutsche Post   PC  STAMPIT   0,49 EUR
                         A00100BP8E 07.01.05
2
3    Einschreiben
1    Herrn
2    Peter Muster
3    Musterstraße 1
4    12345 Musterhausen
5
6
```

Nach DIN 676 können Sie für das Lay-out von Geschäftsbogen zwischen Form A und Form B wählen. Je nachdem, für welche Variante Sie sich entschieden haben, befindet sich das Anschriftfeld in einer anderen Position (*siehe auch unter Stichpunkt Lay-out in diesem Kapitel*).

▶ **Form A (hochgestelltes Anschriftfeld):** Das Anschriftfeld beginnt 32 mm von der oberen Blattkante und ist 20 mm von der linken Blattkante entfernt.

▶ **Form B (tiefgestelltes Anschriftfeld):** Das Anschriftfeld beginnt 50 mm von der oberen Blattkante und ist 20 mm von der linken Blattkante entfernt.

Nach DIN 5008 sind für Anschrifttexte folgende Regeln zu beachten:

▶ **Form A:** Die erste Anschriftzeile steht in der neunten Zeile von der oberen Blattkante. Der Abstand vor dieser Zeile beträgt 33,9 mm.

▶ **Form B:** Die erste Anschriftzeile steht in der dreizehnten Zeile von der oberen Blattkante. Der Abstand vor dieser Zeile beträgt 50,8 mm.

Der Anschrifttext beginnt auf Grad 10. Dies entspricht einem Rand von 24,1 mm. Der Anschrifttext endet maximal bei Grad 39, d. h., der Abstand zur linken Blattkante beträgt 100,3 mm.

Erläuterungen zum Anschriftfeld

Informationen für die Deutsche Post AG

Sendungsart: Die Bezeichnung der Sendungsart ist anzugeben bei: Postwurfsendung, Büchersendung, Warensendung und Blindensendung. Die Bezeichnung ist zulässig bei: Brief, Postkarte und Infopost.

	Beispiel 1:			**Beispiel 2:**
1			1	
2			2	
3	Büchersendung		3	Warensendung
1	Puckler Verlag		1	Herrn
2	Verkaufsabteilung		2	Peter Sonnenschein
3	Postfach 33 45		3	Himmelsweg 1
4	63843 Niedernberg		4	63843 Niedernberg
5			5	
6			6	

Besondere Versendungsformen: Die Vermerke der besonderen Versendungsformen lauten z. B. „Post-Express", „Übergabe-Einschreiben", „Eigenhändig", „Rückschein", „Werbeantwort", „Wert ... EUR".

	Beispiel 1:			**Beispiel 2:**
1			1	
2			2	
3	Post-Express		3	Übergabe-Einschreiben
1	Herrn Rechtsanwalt		1	Frau
2	Dr. Paul Hurtig		2	Inge Borke
3	Pflaumheimer Weg 1		3	Marderstraße 1
4	63843 Niedernberg		4	63843 Niedernberg
5			5	
6			6	

Vorausverfügungen: Typische Vorausverfügungen sind: „Nicht nachsenden", „Nachsenden", „Wenn unzustellbar, zurück".

	Beispiel 1:			**Beispiel 2:**
1			1	
2			2	
3	Wenn unzustellbar, zurück		3	Nicht nachsenden
1	Frau Petra Schneider		1	Herrn
2	Herrn Hans Schneider		2	Ingo Schnell
3	Hinter den Drei Pappeln 3		3	Würzburger Straße 4
4	63843 Niedernberg		4	63843 Niedernberg
5			5	
6			6	

Achtung: Wenn die Angaben für Sendungsart, Versendungsform oder Vorausverfügung mehrere Zeilen umfassen, dann sieht das wie folgt aus:

Beispiel:		
	1	
	2	Nicht nachsenden!
	3	Einschreiben
	1	Herrn
	2	Theodor Müller
	3	Stettiner Straße 2
	4	63843 Niedernberg
	5	
	6	

Häufig gestellte Fragen zum Thema „Anschriftfelder"

▶ Wann schreibt man das Wort „Firma" im Anschriftfeld?

Beispiel 1:			
	1		Die Bezeichnung „Firma" entfällt,
	2		wenn aus dem Zusatz (GmbH, AG,
	3		KG, OHG usw.) der Firmencharak-
	1	Max Müller GmbH	ter hervorgeht. Einleitende Wörter
	2	Herrn Peter Schneider	wie „An die", „Für" oder „z. H."
	3	Großostheimer Straße 1	sind überflüssig und können ent-
	4	63843 Niedernberg	fallen.
	5		
	6		

Beispiel 2:			
	1		Einzelunternehmen erhalten den
	2		Zusatz e. K. (eingetragene Kauf-
	3		frau/eingetragener Kaufmann) oder
	1	Max Müller e. K.	e. Kfr. bzw. e. Kfm. (eingetragene
	2	Großostheimer Straße 1	Kauffrau/eingetragener Kaufmann).
	3	63843 Niedernberg	
	4		
	5		
	6		

Anschriftfeld

▶ In welcher Reihenfolge stehen Firma, Abteilung und Ansprechpartner?

Beispiel:			
	1		Wenn Sie im Anschrift-
	2		feld auch die Bezeich-
	3	Einschreiben	nung der Abteilung an-
	1	Verlag Tausendschön	geben, ist es sinnvoll, die
	2	Personalabteilung	Reihenfolge des Post-
	3	Frau Ingrid Scholz	laufs einzuhalten: Firma,
	4	Postfach 23 14	Abteilung, Ansprech-
	5	63814 Mainaschaff	partner.
	6		

▶ Wie positioniert man akademische Titel und Berufsbezeichnungen im Anschriftfeld?

Akademische Titel

Beispiel 1:			
	1		Akademische Titel, wie
	2		zum Beispiel „Dr." oder
	3		„Dipl.-Kfm." stehen direkt
	1	Herrn	vor dem Vor- und Zu-
	2	Dr. med. Peter Schneider	namen.
	3	Rüsselsheimer Straße 2	
	4	63814 Mainaschaff	
	5		
	6		

Beispiel 2:		
	1	
	2	
	3	
	1	Frau
	2	Dipl.-Ing. Maria Maritz
	3	Ingelheimer Straße 4
	4	63814 Mainaschaff
	5	
	6	

Beispiel 3:			
	1		Da es bei dem Wort
	2		„Professor" in der Emp-
	3		fängerbezeichnung nicht
	1	Herrn	erkennbar ist, ob es sich
	2	Prof. Dr. med. Dr. dent. Peter Schneider	um eine Amtsbezeich-
	3	St.-Annen-Stift	nung oder einen akade-
	4	Schneebergstraße 4	mischen Grad handelt,
	5	63814 Mainaschaff	soll nach dem Entwurf
	6		der neuen DIN 5008 das
			„Prof." **immer** unmittel-
			bar vor den Namen ge-
			setzt werden.

Beispiel 4:   1
2
3
1   Herrn
2   Prof. Dr. phil. Peter Schneider
3   Merkel AG
4   Hinter den drei Pappeln 4
5   63814 Mainaschaff
6

Amts- und Berufsbezeichnungen

Beispiel 1:   1
2
3
1   Herrn Direktor
2   Paul Hurtig
3   Maulert KG
4   Postfach 12 34
5   63843 Niedernberg
6

Amts- und Berufsbezeichnungen stehen in der gleichen Zeile wie die Anrede „Herrn" oder „Frau".

Beispiel 2:   1
2
3
1   Herrn Patentanwalt
2   Rainer Schnell
3   Marienweg 54
4   63814 Mainaschaff
5
6

Beispiel 3:   1
2
3
1   Frau Oberstudiendirektorin
2   Nicole Scheuermann
3   Friedrich-Dessauer-Gymnasium
4   Sonnenweg 5
5   63814 Mainaschaff
6

Anschriftfeld **47**

Beispiel 4: 1
2
3
1 Herrn Vorstandsvorsitzenden
2 Peter Hummel
3 Zentra AG
4 Marienweg 14
5 63814 Mainaschaff
6

oder:

1
2
3
1 Herrn
2 Peter Hummel
3 Vorsitzender des Vorstands
4 Zentra AG
5 Marienweg 14
6 63814 Mainaschaff

▶ Wie schreibt man Ehepaare korrekt an?

Beispiel: 1
2
3
1 Frau Petra Schnell
2 Herrn Markus Schnell
3 Hinter den Drei Pappeln 2
4 63843 Niedernberg
5
6

Obwohl die Anrede „Eheleute" nach DIN in Ordnung ist, empfehle ich Ihnen, darauf zu verzichten. Der Ausdruck „Eheleute" wirkt antiquiert und wird hauptsächlich von Behörden verwendet. Es ist höflicher, die Dame zuerst zu nennen, da sie nach Etiketteregeln auf gesellschaftlicher Ebene die Ranghöhere ist.

▶ Wie schreibt man Hausnummern, Wohnungsnummern und Stockwerkangaben korrekt?

Beispiel 1: 1
Hausnummern 2
3
1 Herrn
2 Marco Meismal
3 Maulert KG
4 Darmstädter Straße 4 a
5 63843 Niedernberg
6

Sie können in diesem Fall entweder 4 a oder 4 A schreiben. Bitte beachten Sie, dass zwischen Zahl und Buchstabe ein Leerschritt gemacht wird.

Beispiel 2:
Wohnungs-
nummern

1
2
3
1 Herrn
2 Marco Meismal
3 Maulwurfweg 1 // W 14
4 63843 Niedernberg
5
6

Nach der Hausnummer folgt ein Leerschritt, dann machen Sie zwei Schrägstriche und nochmals einen Leerschritt. Danach ein W, einen weiteren Leerschritt und dann die Nummer der Wohnung.

Beispiel 3:
Stockwerks-
angaben

1
2
3
1 Herrn
2 Marco Meismal
3 Maulwurfweg 1 // IV
4 63843 Niedernberg
5
6

Nach der Hausnummer folgt ein Leerschritt, dann machen Sie zwei Schrägstriche und nochmals einen Leerschritt. Danach die Angabe des Stockwerks in römischen Zahlen.

▶ Wie platziert man Ortsteilnamen im Anschriftfeld?

Beispiel:

1
2
3
1 Herrn
2 Mario Martin
3 Unterafferbach
4 Rosenweg 5 A
5 63841 Goldbach
6

Ortsteilnamen (hier: Unterafferbach) schreiben Sie direkt oberhalb der Straße oder Postfachangabe.

▶ Wie schreibt man Personen korrekt an, die zur Untermiete wohnen?

Beispiel:

1
2
3
1 Herrn
2 Marco Mahler
3 bei Müller
4 Breite Gasse 7
5 63843 Mainaschaff
6

Wohnt der Briefempfänger zur Untermiete, dann schreiben Sie den Namen des Wohnungsinhabers direkt unterhalb des Namens des Empfängers.

Aufzählungen

Der Beginn und das Ende einer Aufzählung ist vom übrigen Text durch eine Leerzeile zu trennen.

Beispiel 1:

TextTextTextTextTextText

- Text
- Text
- Text

TextTextTextTextTextText

Beispiel 2:

TextTextTextTextText

1. Text
2. Text
3. Text

TextTextTextTextText

Beispiel 3:

TextTextTextTextText

- Text
- Text
- Text

TextTextTextTextTextText

Beispiel 4:

TextTextTextTextText

– Text
– Text
– Text

TextTextTextTextText

Die einzelnen Aufzählungsglieder dürfen auch durch eine Leerzeile getrennt werden. Dies ist sinnvoll, wenn diese mehrzeilig sind.

Beispiel 5:

TextTextTextTextTextTextTextTextTextTextTextTextTe xtTextTextTextTextText

♦ TextTextTextTextTextTextTextTextTextTextTextTex tTextTextTextText TextText

♦ TextTextTextTextTextTextTextTextTextTextTextTex tTextTextTextTextText TextTextTextText

TextTextTextTextTextTextTextTextTextTextTextText

Auslandsanschrift

Der Aufbau von Auslandsanschriften entspricht im Großen und Ganzen dem der inländischen Anschriften.

Beachten Sie jedoch die folgenden Besonderheiten:

- Auslandsanschriften werden in lateinischer Schrift und arabischen Ziffern geschrieben.
- Bestimmungsort und Bestimmungsland werden in Großbuchstaben geschrieben.
- Das Bestimmungsland schreiben Sie immer in der Sprache des Absenderlandes. Es werden keine KFZ-Länderkennzeichen vor die Postleitzahl gesetzt!
- Den Bestimmungsort schreiben Sie wenn möglich in der Sprache des Empfängerlandes (z. B. FIRENZE statt Florenz, BRUXELLES statt Brüssel).

Beispiel: 1
2
3
1 Madame
2 Madeleine Leblanc
3 Rue de Paris, 10
4 12345 LYON
5 FRANKREICH
6

Achtung: Die Neuauflage des Dudens empfiehlt immer noch, das KFZ-Länderkennzeichen vor die Postleitzahl zu setzen. Orientieren Sie sich bitte trotzdem in diesem Fall nach der DIN 5008, da die DIN-Empfehlungen mit der Deutschen Post AG abgestimmt sind.

Auslassungspunkte

Eine ausgelassene Textstelle wird durch drei Punkte gekennzeichnet. Vor und hinter diesen Punkten steht jeweils ein Leerzeichen, um sie vom Text abzusetzen. Befindet sich der ausgelassene Textteil am Satzende, schließen die drei Punkte den Schlusspunkt ein.

Beispiel: Bitte teilen Sie uns mit, ob ...

Betreff

Der Betreff beginnt an der Fluchtlinie (Grad 10 oder 24,1 mm von der linken Blattkante), mit zwei Zeilen Abstand zur Bezugszeichenzeile oder zum Infoblock. Wenn keine Bezugszeichenzeile oder kein Infoblock vorhanden ist, dann schreiben Sie den Betreff mit zwei Zeilen Abstand zum neunzeiligen Anschriftfeld.

Das Leitwort „Betreff" wird nicht mehr geschrieben.

👎 **Nicht:**	👍 **Sondern:**
Betreff: Ihre Anfrage vom …	**Ihre Anfrage vom …**

Der Betrefftext kann durch Fettschrift hervorgehoben werden. Die neue DIN 5008 erlaubt auch die farbliche Hervorhebung.

Der Betreff ist die Überschrift Ihres Geschäftsbriefes und hat einen großen Aufmerksamkeitswert. Da er immer gelesen wird, sollten Sie nicht auf ihn verzichten. Geben Sie einen kurzen, prägnanten Überblick über den Inhalt des Briefes.

Machen Sie nicht schon schlechte Stimmung, bevor der Empfänger mit dem Lesen begonnen hat. Formulieren Sie den Betreff stets neutral oder positiv!

👎 **Nicht:**	👍 **Sondern:**
Ihre Reklamation vom … – Lieferverzug	Vielen Dank, dass Sie uns sofort informiert haben!

👎 **Nicht:**	👍 **Sondern:**
Defekter Geldautomat in der Immermannstraße	Ihre Anfrage vom … – Geldautomat in der Immermannstraße

Lange Texte können Sie durch **Teilbetreffe** übersichtlicher gestalten. Der Teilbetreff bezeichnet den Inhalt eines Briefabschnitts. Er beginnt an der Fluchtlinie, schließt mit einem Punkt und kann fett hervorgehoben werden.

Wie folgendes Beispiel zeigt, erhält der Brief durch die Teilbetreffe eine klare Struktur. Er wird dadurch übersichtlich, lesefreundlich und kann rationell bearbeitet werden.

> **Beispiel:**
>
> **Ihre E-Mail vom 3. Mai 2... – Kopierer XXL 22**
>
> Sehr geehrter Herr Müller,
>
> vielen Dank für Ihr Interesse an unseren Produkten. Gerne beantworten wir Ihre Fragen:
>
> **Technische Details und Preisliste.** Wie gewünscht erhalten Sie eine Broschüre mit ausführlichen Informationen. Alle genannten Preise verstehen sich zuzüglich 19 % Mehrwertsteuer.
>
> **Liefertermin.** Das Gerät ist sofort lieferbar und kann versandt werden, sobald uns Ihr Auftrag vorliegt.
>
> Wenn Sie weitere Informationen wünschen, rufen Sie uns bitte an. Wir beraten Sie gern.
>
> Freundliche Grüße aus Musterhausen
>
> Muster AG
>
> i. A.
>
> Peter Schneider
> Verkaufsleiter

Bankleitzahl

Nationale Bankleitzahlen sind immer achtstellig. Sie gliedern sich von links nach rechts beginnend in zwei Dreiergruppen und eine Zweiergruppe.

> **Beispiele:**   BLZ 795 500 00
> BLZ 250 800 20

Internationale Bankleitzahlen gliedern sich von links nach rechts beginnend in fünf Vierergruppen und eine Zweiergruppe.

> **Beispiel:**   IBAN DE89 7304 0043 0532 0120 00

Haben Sie eine Bankleitzahl vergessen? Kein Problem! Sie finden diese im Internet unter www.bankleitzahlen.de.

Beglaubigungsvermerke

Diese Empfehlungen gelten hauptsächlich für Behördenbriefe.

Wenn ein Behördenbrief nicht unterzeichnet wird, schließt er normalerweise mit einem Beglaubigungsvermerk ab.

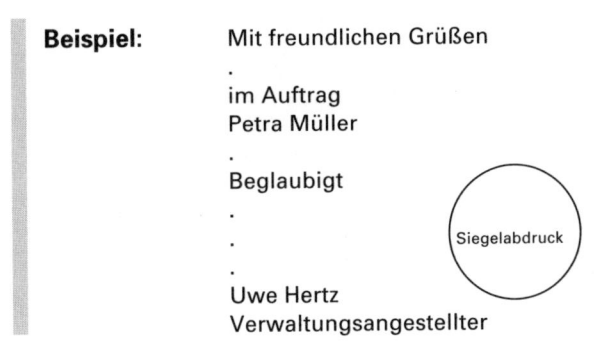

Beispiel: Mit freundlichen Grüßen

.

im Auftrag
Petra Müller

.

Beglaubigt

.

.   (Siegelabdruck)

.

Uwe Hertz
Verwaltungsangestellter

Berufsbezeichnungen/Amtsbezeichnungen

Berufsbezeichnungen geben an, welche Stufe der Karriereleiter der Empfänger erklommen hat. Sie sind unabhängig vom akademischen Grad und werden durch Beförderung, Ernennung oder Wahl erreicht.

Im Anschriftfeld stehen Berufsbezeichnungen hinter der Anrede:

Beispiel 1: **Anschriftfeld** **Anrede im Brief**

1   Sehr geehrte Frau Rechtsanwältin,
2   **oder**
3   Sehr geehrte Frau Schneider-Lüttgens,
1 Frau Rechtsanwältin
2 Petra Schneider-Lüttgens
3 Pappelweg 15
4 12345 Musterhausen
5
6

Beispiel 2: Anschriftfeld   **Anrede im Brief**

1
2   Sehr geehrter Herr Wintershausen,
3
1 Herrn Oberstudienrat
2 Peter Wintershausen
3 An der Grünen Aue 4 a
4 12345 Musterhausen
5
6

Beispiel 3: Anschriftfeld   **Anrede im Brief**

1
2   Sehr geehrter Herr Direktor,
3   **oder**
1 Herrn Direktor   Sehr geehrter Herr Direkor Fix,
2 Max Fix
3 Schwarzer KG
4 Postfach 12 34
5 12345 Musterhausen
6

Beispiel 4: Anschriftfeld   **Anrede im Brief**

1
2   Sehr geehrter Herr Dr. Fix,
3
1 Herrn Vorstandsvorsitzenden
2 Dr. Peter Fix
3 Steinag AG
4 Pappelweg 4
5 12345 Musterhausen
6

oder 1
2
3
1 Herrn
2 Dr. Peter Fix
3 Vorsitzender des Vorstands
4 Steinag AG
5 Pappelweg 4
6 12345 Musterhausen

Achtung: Die zweite Variante ist nicht so in der DIN 5008 vorgesehen, aber dennoch empfehlenswert.

Bezugszeichen

Bezugszeichenzeile

Die DIN 676 sieht sowohl die Bezugszeichenzeile als auch den Informationsblock vor. Jedes Unternehmen darf frei entscheiden, ob es die eine oder die andere Möglichkeit bevorzugt. Die Bezugszeichenzeile ist in den letzten Jahren etwas aus der Mode gekommen, da der Informationsblock besser lesbar ist und alle wichtigen Informationen auf einen Blick enthält. Falls Sie momentan die Bezugszeichenzeile benutzen, dann empfehle ich Ihnen bei der nächsten Überarbeitung des Firmenbogens auf den Informationsblock umzustellen.

Die typischen Angaben einer Bezugszeichenzeile sind:

- Ihre Zeichen, Ihre Nachricht vom
- Unsere Zeichen, unsere Nachricht vom
- Telefon, Name
- Datum

Wenn auf Ihrem (Firmen-)Briefbogen eine Bezugszeichenzeile vorgedruckt ist, dann geben Sie die Angaben direkt in der Zeile darunter ein. Bitte achten Sie darauf, dass das jeweils erste Zeichen der Eingabe eine Fluchtlinie mit dem jeweiligen Leitwort bildet.

Mehrere Bezugsangaben zu einem Leitwort dürfen durch ein Komma getrennt werden.

Ihr Zeichen, Ihre Nachricht vom	Unsere Zeichen, unsere Nachricht vom	Telefon, Name 06028 99-	Datum
ja-sa, 15.05.20..	ra-sa	123, Mara Meier	01.06.20..

Die Leitwörter stehen auf Grad 10, 30, 50 und 70 oder entsprechend 24,1/74,9/125,7 und 176,5 mm von der linken Blattkante entfernt. Sie sind mit zwei Zeilen Abstand zum neunzeiligen Anschriftfeld platziert.

Wenn Sie zusätzlich die Telefaxnummer und/oder E-Mail-Adresse angeben möchten, dann können Sie die Kommunikationszeile einfügen.

Beispiel:

1			
2			
3			
1 Herrn			
2 Peter Schneider			
3 bei Hinsemann			
4 Kölner Allee 13			
5 12345 Musterhausen			
6		Telefax 06028 99- **124**	E-Mail m.meier@firma.de
Ihr Zeichen, Ihre Nachricht vom	Unsere Zeichen, unsere Nachricht vom	Telefon, Name 06028 99-	Datum
ja-sa, 15.05.20..	ra-me	123, Mara Meier	01.06.20..

Die Kommunikationszeile beginnt in der letzten Zeile des Anschriftfelds auf Grad 50, d. h. 125,7 mm vom linken Blattrand. Die Leitwörter Telefax und Telefon bilden eine Flucht.

Für die Leitwörter der Bezugszeichenzeile und der Kommunikationszeile darf eine kleinere Schriftart gewählt werden, mindestens jedoch 6 Punkt.

Informationsblock

Der Informationsblock beginnt auf Grad 50 (= 125,7 mm vom linken Blattrand entfernt) in Höhe der ersten Zeile des Anschriftfelds.

Beispiel 1: Ihr Zeichen: ma-bi
Ihre Nachricht vom: 20..–02–01
Unsere Zeichen: ja-sa
Unsere Nachricht vom:

Name: Jutta Sauer
Telefon: 06028 9963-70
Telefax: 06028 9963-71
E-Mail: juttasauer@web.de

Datum: 20..–02–04

Seit der DIN-Änderung 2001 darf auch diese Variante verwendet werden:

Beispiel 2:	Ihr Zeichen:	ma-bi
	Ihre Nachricht vom:	20..–02–01
	Unser Zeichen:	ja-sa
	Unsere Nachricht vom:	
	Name:	Jutta Sauer
	Telefon:	06021 9963-70
	Telefax:	06021 9963-71
	E-Mail:	juttasauer@web.de
	Datum:	20..–02–04

Für die Leitwörter des Informationsblockes darf nun auch eine kleinere Schrift gewählt werden, mindestens aber 6 Punkt. Wie das Anwendungsbeispiel zeigt, **dürfen** die Bezugszeichen auch in einer Fluchtlinie untereinander stehen.

Bindestrich

Der Bindestrich muss gesetzt werden, um unterschiedliche Bestandteile einer Zusammensetzung zu verdeutlichen.

Beispiele: x-Achse; Fußball-WM; Vitamin-C-Gehalt, dpa-Meldung

In Ziffern geschriebene Zahlen werden bei Zusammensetzungen mit Bindestrich vom Rest des Wortes abgetrennt.

Beispiele: 6-jährig, 8-Stunden-Tag, 7-tägig, 40-prozentig, 20-Tonner, 10-mal, 4-silbig, der 18-Jährige, ¾-Takt, 1:2-Niederlage

Aber: sechsjährig, Achtstundentag, siebentägig, vierzigprozentig ...

Nachsilben (z. B. -er, -tel) werden ohne Bindestrich an die Ziffern angeschlossen.

Beispiele: die 68er, 1993er, 10fach, das 10fache, ein 10tel, 10%ig,

Folgende Doppelschreibungen sind möglich: 10fach = 10-fach, das 10fache = das 10-fache usw.

Vor Nachsilben wird nur dann ein Bindestrich gesetzt, wenn sie mit einem Einzelbuchstaben verbunden werden.

Beispiele: der x-te, die n-te Potenz

Die neue deutsche Rechtschreibung gibt mehr Möglichkeiten, den Bindestrich nach eigenem Ermessen zu setzen. Sie können ihn nun in folgenden Situationen nutzen:

Hervorhebung einzelner Bestandteile

Beispiele: der Möchtegern-Casanova, die Muss-Bestimmung, etwas be-greifen, die Über-sicht

Gliederung von unübersichtlichen Zusammensetzungen

Beispiele: der ökologisch-medizinische Bereich, der wissenschaftlich-technische Fortschritt, die deutsch-amerikanischen Beziehungen

Vermeidung von Missverständnissen

Beispiel: Druck-Erzeugnis oder Drucker-Zeugnis

Zusammentreffen von drei gleichen Buchstaben

Hier **darf** zur Erleichterung des Lesens ein Bindestrich gesetzt werden.

Beispiele: Schlusssatz oder Schluss-Satz
Schritttempo oder Schritt-Tempo
Schifffahrt oder Schiff-Fahrt

Blocksatz oder Flattersatz?

Beim Blocksatz wird der Brief so formatiert, dass alle Zeilen die gleiche Länge haben. Durch diese Formatierung entstehen zwischen den Wörtern unterschiedlich große Zwischenräume.

Wissenschaftliche Untersuchungen und Lesetests haben deutlich gezeigt, dass Brieftexte im Blocksatz von den Augen schwieriger zu erfassen, d. h. schlechter lesbar sind. Außerdem wirkt ein Brief im Blocksatz steril und unpersönlich.

☛ **Mein Tipp:** Bevorzugen Sie den Flattersatz, denn durch die unterschiedliche Länge der Zeilen wirkt Ihr Brief lebendiger und ist leichter lesbar.

Beispiel für Blocksatz:

Guten Tag Herr Muster,

vielen Dank für Ihr Interesse an unseren Produkten. Gerne senden wir Ihnen das gewünschte Informationsmaterial sowie unsere Preisliste zu. Eine Abbildung und Beschreibung des Lochers Superstanz finden Sie auf Seite 34 unseres Farbkatalogs.

Beispiel für Flattersatz:

Guten Tag Herr Muster,

vielen Dank für Ihr Interesse an unseren Produkten. Gerne senden wir Ihnen das gewünschte Informationsmaterial sowie unsere Preisliste zu. Eine Abbildung und Beschreibung des Lochers Superstanz finden Sie auf Seite 34 unseres Farbkatalogs.

Briefabschluss

Beispiel 1: Bitte senden Sie uns die Unterlagen bis ... zurück. Vielen Dank!
.
Freundliche Grüße aus Musterdorf (1)
.
XY GmbH (2)
.
. (3)
.
Petra Reizmann (4)

(1) Die Grußformel wird mit einer Leerzeile vom Brieftext abgesetzt. Der traditionelle Gruß lautet immer noch: „Mit freundlichen Grüßen". Sie dürfen jedoch auch hier variieren und neue Wege gehen. Probieren Sie doch einfach einmal folgende Grußformeln aus:

– Freundliche Grüße aus Hamburg
– Freundliche Grüße nach Berlin
– Freundliche Grüße aus dem sonnigen Freiburg
– Vielen Dank und freundliche Grüße
– Mit den besten Wünschen für ein schönes Wochenende
– Ich wünsche Ihnen ein erholsames Wochenende

(2) Soll nach der Grußformel der Name der Firma oder die Bezeichnung der Behörde genannt werden, dann lassen Sie bitte eine Leerzeile Abstand zum Gruß.

(3) Nach DIN können Sie für die Unterschrift so viele Leerzeilen lassen, wie Sie benötigen. Drei Leerzeilen sind jedoch durchaus ausreichend.

(4) Unterhalb der Unterschrift sollten Sie den Vor- und Zunamen des Unterzeichners maschinenschriftlich wiederholen. Geben Sie bitte auch den Vornamen an, denn dadurch wirkt Ihr Brief persönlicher. Wenn der Empfänger „Petra Reizmann" liest, dann stellt er sich sofort eine Dame vor. Unter „P. Reizmann" oder „Reizmann" kann er sich überhaupt nichts vorstellen.

Beispiel 2: Wenn Sie Fragen haben, dann rufen Sie uns bitte an.
Wir helfen Ihnen gern.

Mit freundlichen Grüßen

i. A. Peter Reizmann
Abteilungsleiter Vertrieb

Geschäftsbriefe werden in der Regel nicht nur mit einem Gruß beendet. Man fügt darüber hinaus nach einer Leerzeile die Firmenangabe des Absenders an. Diese wird bei Bedarf auf mehrere Zeilen sinngemäß aufgeteilt.

Vor die handschriftlichen Unterschriften der Unterzeichner kann eine Ergänzung hinzugefügt werden, z. B. „i. A.", „i. V." oder „ppa.". Der Name des Unterzeichners wird in der Regel maschinenschriftlich nach einer Leerzeile wiederholt. Für die Platzierung dieser Ergänzungen gibt es folgende Möglichkeiten.

Beispiel 3: Haben Sie weitere Fragen? Sie erreichen uns ... Wir helfen Ihnen gern.

Freundliche Grüße

XY GmbH
Verkaufsabteilung

i. A.   i. A.

Inge Bergmann   Peter Schneider
Teamleiterin Vertrieb   Sachbearbeiter Vertrieb

Anlage
1 Produktkatalog

Beispiel 4: Weitere Fragen beantwortet Ihnen gerne unser Außendienstmitarbeiter, Herr Peter Fix, unter der Telefonnummer 06028 9963-123.

Freundliche Grüße aus Froschhausen

XY GmbH
Verkaufsabteilung

i. A. Inge Bergmanni. A. Peter Schneider
Teamleiterin VertriebSachbearbeiter Vertrieb

Anlage
1 Produktkatalog

→ *weitere Informationen unter: Anlagen/Verteilvermerke/Unterschriften und Zeichnungsvollmachten*

Einrücken

Der hervorzuhebende Textteil beginnt 2,54 cm vom linken Schreibrand; vor und nach der Einrückung ist eine Leerzeile nötig.

E-Mail

Die Regelungen der DIN 5008 zu E-Mails beziehen sich auf die Verwendung als Geschäftsbriefersatz, nicht auf ausschließlich unternehmensinterne Mitteilungen. Beim Nachrichtenformat, bei der Codierung, bei der Verschlüsselung, den Schriften und den Dateiformaten der Anlagen nehmen Sie bitte auf die technischen Voraussetzungen des Empfängers Rücksicht. Anschrift, Verteiler und Betreff sind vorgegebene Zeilen des E-Mail-Kopfes.

▶ **Zeilenabstand.** Bei der E-Mail wird mit Zeilenabstand 1 geschrieben (engzeilig).

▶ **Anrede.** Die Anrede ist bei E-Mails als Geschäftsbriefersatz ein fester Bestandteil. Sie beginnt in der Fluchtlinie und wird durch eine Leerzeile vom Text abgesetzt.

▶ **Text.** Den Text erfassen Sie in einfachem Zeilenabstand als Fließtext ohne Worttrennungen, da der Umbruch durch die Software des Empfängers gesteuert wird. Zwischen den Absätzen steht jeweils eine Leerzeile. Ansonsten gelten die normalen Gliederungsregeln der DIN 5008.

▶ **Abschluss.** Der Abschluss einer E-Mail enthält den Gruß sowie Kommunikations- und Firmenangaben. Er sollte selbstverständlich auch die E-Mail und/oder Internet-Adresse des Absenders enthalten.

Beispiel 1:

Freundliche Grüße

XY GmbH

i. A. Peter Schlumpf

Telefon: +49 1234 567-89
Telefax: +49 1234 567-88
E-Mail: peterschlumpf@xygmbh.de
Internet: http://www.xygmbh.de

Beispiel 2:

Freundliche Grüße

Peter Schlumpf
Schlumpfstraße 1
12345 Schlumpfhausen

Telefon: 06021 55670
Telefax: 06021 55671
E-Mail: peter.schlumpf@web.de

Bitte beachten Sie, dass seit Januar 2007 unter jeder E-Mail die gesellschaftsrechtlichen Angaben verpflichtend sind. Eine DIN-Regel hierzu existiert bislang nicht.

Geschäftsangaben

Die Angaben über Geschäftsräume, die Nummern der Hauptanschlüsse von Telefon, Telefax und Internet stehen meistens am Fuß des Briefbogens. Wenn Sie planen, neue Briefbogen für Ihr Unternehmen zu entwerfen und drucken zu lassen, empfehle ich Ihnen, die DIN 676 zu konsultieren, um Fehler zu vermeiden.

Kapitalgesellschaften sind verpflichtet, folgende Informationen auf dem Briefbogen aufzuführen:

- Rechtsform und Sitz der Gesellschaft.
- Registergericht des Sitzes der Gesellschaft sowie die Nummer, unter der die Gesellschaft in das Handelsregister eingetragen ist.
- Name des Vorsitzenden des Aufsichtsrates (sofern die Gesellschaft laut Gesetz verpflichtet ist, einen Aufsichtsrat zu bilden).
- Name des Vorsitzenden und aller Mitglieder des Vorstandes (bei GmbHs die Namen aller Geschäftsführer).

Die Rechtsform kann alternativ auch im Briefkopf als Bestandteil der Firma angegeben werden.

Hervorhebungen

Setzen Sie Hervorhebungen möglichst sparsam ein. Sie können hervorheben durch Unterstreichung, Großbuchstaben, Fettschrift, Kursivschrift, Kapitälchen, Wechsel der Schriftart, Zentrierung oder Einrückung.

Bevorzugen Sie Text in Fettschrift, denn Großbuchstaben, Kursivschrift, Kapitälchen oder Unterstreichungen sind für das Auge nicht gut zu erfassen. Satzzeichen innerhalb oder am Ende einer Hervorhebung sind ebenfalls hervorzuheben.

Beispiel: **Bitte liefern Sie die Ware bis spätestens 21. Juli 2008!**

Inhaltsverzeichnisse

Alle Abschnittsnummern beginnen an derselben Fluchtlinie. Die jeweiligen Überschriften der Abschnitte beginnen an einer weiteren Fluchtlinie. Beachten Sie bitte, dass nach den Abschnittsnummern ein Abstand von **mindestens** zwei Leerzeichen folgt.

Beispiel: Inhalt

1	Prinzipien des Zeitmanagements
1.1	Um Zeit zu sparen, muss man erst einmal Zeit investieren
1.2	Zeit managen in Gemeinsamkeit und nicht in Einsamkeit
1.3	Willenskraft und Durchhaltevermögen
1.4	Ganzheitliches Zeitmanagement
2	Der Zeitmanagement-Regelkreis
2.1	Ziele setzen und verfolgen
2.1.1	Ziele motivieren
2.1.2	Zielorientierung statt Tätigkeitsorientierung
2.1.3	Welche Ziele haben Sie?
2.1.4	Warum Sie sich Ziele setzen sollten
2.1.5	Welche Fehler werden beim Setzen von Zielen häufig gemacht?
2.1.6	Regeln zur Zielfindung und Zielsetzung
2.2	Planung
2.2.1	Warum sollten Sie planen?
2.2.2	Die Prinzipien der Zeitplanung
2.2.3	Schriftliche Tagesplanung mit der ALPEN-Methode

Kommasetzung

Die Kommaregeln sind durch die neue deutsche Rechtschreibung viel einfacher geworden. Die folgenden Regeln sollten Sie jedoch unbedingt kennen und beherzigen:

Das Komma bei „und" oder verwandten Bindewörtern

Regel 1

> Zwischen zwei gleichrangigen Teilsätzen muss ein Komma stehen.

Beispiel: Die Abteilungsleiter nahmen Platz, die Besprechung konnte beginnen.

Regel 2

> Werden zwei gleichrangige Teilsätze jedoch durch „und" verbunden, ist das Komma nicht mehr obligatorisch.

Beispiel: Die Herren nahmen Platz (,) **und** die Besprechung konnte beginnen.

Es liegt im Ermessen des Autors zu entscheiden, ob er ein Komma für erforderlich hält, um Missverständnisse zu vermeiden oder den Satz deutlicher zu gliedern.

Regel 3

> Werden zwei Teilsätze oder Wortgruppen durch die Bindewörter *oder, beziehungsweise, sowie, wie, entweder ... oder, nicht ... noch, sowohl ... als auch, weder ... noch* verbunden, setzt man kein Komma.

Beispiele: Ich werde Sie anrufen **oder** Ihnen eine E-Mail schicken.
Wir haben **weder** Zeit **noch** Geld für neue Projekte.

Regel 4

> Bei entgegenstellenden Bindewörtern wie *aber, doch, jedoch und sondern* ist ein Komma weiterhin obligatorisch.

Beispiele: Die Preise sind attraktiv, **aber** die Lieferzeit zu lang.
Wir werden die Entscheidung nicht heute treffen, **sondern** nächste Woche.

Das Komma bei Infinitiv- und Partizipialgruppen

Vor der Rechtschreibreform musste vor einem erweiterten Infinitiv oder einem erweiterten Partizip ein Komma gesetzt werden. Dieses Komma ist nun nicht mehr erforderlich.

Regel 1

Bei einem erweiterten Infinitiv muss kein Komma mehr gesetzt werden. Es liegt im Ermessen des Autors zu entscheiden, ob er ein Komma setzen möchte oder nicht.

Beispiel: Erweiterter Infinitiv

Der Mitarbeiter beschloss(,) abends länger in der Firma zu bleiben.

Regel 2

Auch bei einem erweiterten Partizip muss kein Komma mehr gesetzt werden. Auch hier liegt es im Ermessen des Autors, zu entscheiden, ob er ein Komma für erforderlich hält.

Beispiel: Erweitertes Partizip

Wie vereinbart(,) erhalten Sie Unterlagen über unser Unternehmen.
Wie gewünscht(,) werde ich veranlassen, dass ...

Trotzdem ist ein Komma unverzichtbar, wenn dadurch Missverständnisse ausgeschlossen werden können.

Beispiel:

Die Mutter rät den Kindern, zu helfen. (die Kinder sollen helfen)
Die Mutter rät, den Kindern zu helfen. (den Kindern soll geholfen werden)

Das Komma in Kombination mit Anführungszeichen

Regel

Bei der wörtlichen Rede wird das Komma immer gesetzt.

Beispiele: „Wir sehen uns heute Abend", sagte der Kunde zu seinem Lieferanten.

„Sehen wir uns auf der Messe?", fragte der Lieferant seinen Kunden.

Der Kunde fragte den Lieferanten: „Werden Sie zur Buchmesse kommen?", und schaute ihn erwartungsvoll an.

Lay-out von Briefvordrucken

Das korrekte Lay-out von Briefvordrucken ist in der DIN 676 geregelt. Sie gibt zwei Möglichkeiten für die normgerechte Gestaltung eines Briefvordrucks vor: Form A und B.

- **Briefkopf:** Das Feld für den Briefkopf hat eine Höhe von 27 mm (Form A) bzw. 45 mm (Form B) und reicht über die ganze Breite eines A4-Blattes. Anschließend beginnt das Anschriftfeld.

Wenn Sie Form A wählen, dann haben Sie mehr Platz für den Brieftext. So können Sie bei längeren Briefen unter Umständen die zweite Briefseite einsparen! Die weiteren Abstände werden wie bei Form B gesetzt.

→ *Detaillierte Informationen zu den Themen Absenderangabe, Anschriftfeld, Bezugszeichenzeile, Betreff, Anrede, Brieftext, Einrückung und Zentrieren von Texten Briefabschluss und Geschäftsangaben finden Sie unter den jeweiligen Stichwörtern in diesem Kapitel.*

Besondere Elemente bei Briefvordrucken nach DIN

- **Heftrand.** Auf den Heftrand von 22 mm Breite sollten zwei Faltmarken, die Lochmarke und das Warnzeichen eingedruckt werden.
- **Faltmarken.** Faltmarken bestehen aus feinen kurzen Linien. Sie sind 4 bis 8 mm lang und stehen am linken Papierrand. Bei Vordruck Form A stehen die Faltmarken 87 mm und 192 mm von der oberen Blattkante entfernt. Bei Vordruck Form B platzieren Sie die Faltmarken 105 und 210 mm von der oberen Battkante entfernt.
- **Lochmarken.** Die Lochmarke befindet sich am linken Blattrand in der Mitte der Längsseite des A4-Blattes. Der Abstand zum oberen Papierrand beträgt 148,5 mm.
- **Geschäftsangaben.** Die Angaben über Geschäftsräume, Telefonnummern, Telefaxnummern und Internetadresse sowie die Kontoverbindungen stehen normalerweise am Fuß des A4-Blattes.

Anwendungsbeispiel 1: Brief mit Informationsblock

Feld für Briefkopf (siehe Vordrucke Form A und Form B nach DIN 676)

Musterbank GmbH, Postfach 12 34, 63814 Mainaschaff

.	Ihr Zeichen:
.	Ihre Nachricht vom:
	Unser Zeichen: sa-ja
Herrn	Unsere Nachricht vom:
Franz Muster	
Musterstraße 1	Name: Jutta Sauer
12345 Musterhausen	Telefon: 06028 996370
.	Telefax: 06028 996371
.	E-Mail: juttasauer@web.de
.	
.	Datum: 2008–11–10
.	

Wieder zurück in neuen Räumen
.
.
Sehr geehrter Herr Muster,
.
es ist so weit, wir können feiern. Nach rund drei Wochen Umbauzeit ist unsere Filiale in der Immermannstraße fertig renoviert und umgebaut.
.
Gern zeigen wir Ihnen die „neue" Filiale und laden Sie ganz herzlich ein, uns am Tag der offenen Tür zu besuchen.
.
      Am Dienstag, 26. November .... sind wir
      von 12:00 bis 18:30 Uhr für Sie da.
      Ein Imbiss und ein Glas Sekt stehen für Sie bereit.
.
Möchten Sie wissen, wie Ihre Zweigstelle in der Immermannstraße jetzt aussieht? Besuchen Sie uns in unseren neuen Räumen. Wir freuen uns auf Sie!
.
Freundliche Grüße
.
Musterbank
.
.
.
Paul Panther
Geschäftsführer

Anwendungsbeispiel 2: Brief mit Bezugszeichenzeile

       Feld für Briefkopf (siehe Vordrucke Form A und Form B nach DIN 676)

Musterbank GmbH, Postfach 12 34, 63814 Mainaschaff

Nemebo GmbH
Frau Susanne Schneider
Postfach 1 23 45
12345 Musterhausen

	Telefax 069 12345- 123	E-Mail max.fix@musterfirma.de

Ihr Zeichen, Ihre Nachricht vom	Unsere Zeichen, unsere Nachricht vom Mf-sa	Telefon, Name 123, Max Fix	Datum 2008–01–04

Ihre Anfrage vom ... – 1 000 Basketbälle

Sehr geehrte Frau Schneider,

vielen Dank für Ihr Interesse an unseren Produkten. Gerne unterbreiten wir Ihnen das gewünschte Angebot.

Preis:	5,00 EUR pro Stück zuzüglich gesetzliche Mehrwertsteuer
Lieferzeit:	3 Wochen
Lieferung:	frei Haus
Verpackung:	inklusive
Zahlungsbedingungen:	10 Tage 2 %, 30 Tage netto

Dieses Angebot ist gültig bis ...

Wenn Sie Fragen haben oder weitere Informationen brauchen, rufen Sie uns an! Wir beraten Sie gern.

Freundliche Grüße aus Musterhausen

Musterfirma GmbH

i. A. Peter Muster
Verkaufsleiter

Postskriptum

Die PS-Zeile steht mit etwas Abstand (je nach Platz: zwei oder mehrere Leerzeilen) unter dem Briefschluss.

Es wird eingeleitet durch die Abkürzung PS und einen Doppelpunkt.

Früher benutzte man das PS, um einen Gedanken nachzutragen, den man im Brief vergessen hatte. **Heute** benutzt man das PS für Werbung, organisatorische Hinweise und Privates.

Das PS hat hohen Aufmerksamkeitswert und wird meistens gelesen. Sie sollten sich deshalb nicht scheuen, davon Gebrauch zu machen.

Beispiel 1: Werbung im PS

Freundliche Grüße nach München

Musterbank GmbH

i. A.

Maria Muster
Leiterin Kreditabteilung

PS: Profitieren auch Sie von den momentan günstigen Zinssätzen für Baudarlehen. Vereinbaren Sie noch heute einen Beratungstermin!

Beispiel 2: Organisatorische Hinweise im PS

Freundliche Grüße aus Passau

Muster GmbH

i. A.

Maria Muster
Exportleiterin

Anlage
Produktkatalog

PS: Unsere Telefonnummer ändert sich! Ab 15. Februar 20.. erreichen Sie mich unter 06021 12345-123.

Beispiel 3: Private Anmerkung im PS

Freundliche Grüße aus Passau

Muster GmbH

i. A.

Maria Muster

PS: Viele Grüße auch an Ihre Frau!

Satzzeichen

Satzzeichen stehen direkt am Wort, dann folgt ein Leerzeichen.

Zu den Satzzeichen gehören: Komma, Semikolon, Punkt, Doppelpunkt, Fragezeichen und Ausrufezeichen.

Ein Abkürzungspunkt am Ende des Satzes schließt den Satzschlusspunkt mit ein.

→ *siehe auch unter Stichwort Kommasetzung*

Schriftarten, -größen und -stile

Achten Sie bei der Gestaltung von Schriftstücken auf die gute Lesbarkeit. Vermeiden Sie deshalb im fortlaufenden Text zu kleine Schriftgrößen. Die **maximale** Schrifthöhe im fortlaufenden Text sollte eine 12-Punkt-Schrift sein. Verzichten Sie im Geschäftsbrief auf ausgefallene Schriftarten (z. B. Schreibschrift) oder Schriftstile (z. B. Kapitälchen).

Seitennummerierung

Mehrseitige Briefe sind ab der zweiten Seite oben fortlaufend zu nummerieren.

Wenn Sie Briefbogen ohne Aufdruck verwenden, setzen Sie die Seitennummerierung auf der fünften Zeile bei 100,3 mm von der linken Blattkante. Sie haben auch die Möglichkeit, die Seitennummer zu zentrieren.

Am Fuß der beschrifteten Seite dürfen Sie am rechten Rand durch drei Punkte „..." auf die Folgeseite hinweisen. Der Abstand zwischen Textende und den drei Punkten soll mindestens eine Leerzeile betragen.

Sie haben auch die Möglichkeit, die Seiten mit „Seite ... von ..." zu kennzeichnen.

– 3 –
oder
Seite 3 von 5

Schriftzeichen für Wörter

Zeichen für „Paragraph"

Dieses Zeichen wird nur in Verbindung mit Zahlen verwendet.

Beispiele: Mehrere Paragraphen unseres Vertrags müssen geändert werden.

Aber: Nach § 5 BGB ...
In § 7 unserer allgemeinen Geschäftsbedingungen ist festgelegt, dass ...
Aus § 98 Abs. 2 geht hervor, dass ...

Zeichen für „und"

Dieses Zeichen wird nur in Firmenbezeichnungen verwendet.

Beispiele: Meyer GmbH & Co KG
Müller & Söhne

Zeichen für „gegen"

Das Zeichen „–" für „gegen" verwendet man üblicherweise für die Nennung zweier gegnerischen Sportmannschaften. Vor und nach dem Zeichen befindet sich jeweils ein Leerschritt.

Beispiel: Das Spiel Bayern München – FC Kaiserslautern verlief unentschieden.

Das Zeichen „./." für „gegen" ist für den juristischen Schriftverkehr reserviert. Auch hier befindet sich vor und nach dem Zeichen jeweils ein Leerschritt.

Beispiel: Der Rechtsstreit Müller ./. Mauser beginnt am 3. Mai 20...

Zeichen für „bis"

Das Wort „bis" wird innerhalb eines vollständigen Satzes ausgeschrieben.

Beispiel: Die Besprechung dauerte von 10:00 bis 11:30 Uhr.

Beispiel: Dauer: 10:00 – 11:30 Uhr

Streckenangaben

Bei Streckenangaben ist es üblich, den Mittestrich zu nutzen. Auch hier steht vor und hinter dem Mittestrich ein Leerzeichen.

Beispiel: Die Strecke Frankfurt – Aschaffenburg – Würzburg ist sehr gut ausgelastet.

Schrägstrich

Vor und nach dem Schrägstrich wird kein Leerzeichen gesetzt.

Beispiele: 120 km/h
Jahrgang 1982/1983
Jahreswechsel 20../20..

Unterführungszeichen statt Wortwiederholung

Das Unterführungszeichen wird **nicht eingemittet.** Es wird unter den ersten Buchstaben jedes zu unterführenden Wortes gesetzt.

Beispiel: Großostheim bei Aschaffenburg (Unterfranken)
Kleinostheim "   "   "

Zeichen für „geboren" und „gestorben"

Beispiel: Paul Muster, * 1932–09–07, † 20..–01–05

Zeichen für „Nummer(n)"

Dieses Zeichen wird nur in Verbindung mit Ziffern bzw. Zahlen verwendet.

Beispiel: Der Artikel # 123 ist ab Lager lieferbar.

Straßennamen

Straßennamen bestehen aus einem Grundwort und dem Bestimmungswort. Grundwörter sind zum Beispiel *Straße, Gasse, Ufer, Allee, Graben, Chaussee, Wall* oder *Tor*.

Regel 1

Straßennamen schreibt man zusammen, wenn das Bestimmungwort in seiner Grundform unverändert bleibt.

Beispiele: Lindenstraße, Schlossgasse, Seeufer, Flutgraben, Friedenstraße, Goetheplatz, Wagnerstraße, Hochstraße, Neugasse usw.

Regel 2

Straßennamen schreibt man getrennt, wenn an das Bestimmungswort eine Endung angehängt wird.

Beispiele: Lange Straße, Alter Markt, Hamburger Allee, Kölner Chaussee, Berliner Platz

Regel 3

Straßennamen schreibt man mit Bindestrich, wenn Sie aus Eigennamen gebildet sind, die durch Vornamen, Titel usw. erweitert sind.

Beispiele: Richard-Wagner-Straße, Fritz-Reuter-Platz, General-Bode-Allee, Dr.-Nieper-Chaussee

Regel 4

Straßennamen schreibt man getrennt, wenn sie ein Adjektiv oder einen Artikel enthalten. Bis auf den Artikel werden dann alle Wörter großgeschrieben.

Beispiele: Unter den Linden, An der Krummen Lanke, Hinter den Drei Pappeln, Im Grünen Winkel

Währungsbezeichnungen

Währungsbezeichnungen können vor oder hinter dem Betrag stehen. Im fortlaufenden Text sollten sie hinter dem Betrag stehen, damit der Lesefluss nicht gestört wird.

Beispiel 1: 200,00 EUR oder EUR 200,00
200,00 € oder € 200,00

Beispiel 2: Bitte überweisen Sie den Betrag von 200,00 EUR bis 1. Dez. 20..

Zeilenabstand

Geschäftsbriefe und E-Mails werden nach DIN 5008 mit Zeilenabstand 1 (engzeilig) geschrieben.

Größere Zeilenabstände, z. B. Zeilenabstand 1,5 oder 2, sind nur für Schriftstücke besonderer Art (Berichte, Gutachten, Diplomarbeiten und Ähnliches) vorgesehen.

Zeilenanfang und -ende

Der Brieftext beginnt 24,1 mm vom linken Seitenrand des Briefbogens. Die Zeile sollten Sie 20 mm vom rechten Seitenrand entfernt beenden.

Es ist zwar erlaubt, bis 8,1 mm an den rechten Seitenrand heran zu schreiben. Bitte beachten Sie jedoch, dass dies nicht schön aussieht. Eventuell bekommen Sie auch Probleme mit Ihrem Drucker, der sich weigert, so nahe am Rand zu drucken.

Zentrieren

Wenn Sie Textteile zentrieren möchten, um diese hervorzuheben, setzen Sie diese durch je eine Leerzeile vom vorhergehenden und folgenden Text ab.

Beispiel: Text Text Text Text Text Text Text Text Text Text Text
Text Text Text Text Text Text Text Text Text Text Text

Text Text Text Text Text Text Text

Text Text Text Text Text Text Text Text Text Text Text
Text Text Text Text Text Text Text Text Text Text Text

Ziffern und Zahlen

Dezimale Teilungen

Dezimale Teilungen werden mit dem Komma (Dezimalzeichen) gekennzeichnet.

Beispiele: 234,50 EUR
0,50 €
3,50 m
14,35 kg

Bei runden Zahlen oder ungefähren Werten können Sie auf die Dezimalstellen verzichten.

Beispiele: 100.000 EUR oder 100.000,00 EUR
Preis: ungefähr 250 EUR

Geldbeträge

Geldbeträge sollten aus Sicherheitsgründen 3-stellig mit Punkt gegliedert werden.

Beispiele: 2.450,00 EUR
1.000.000,00 EUR

Die Währungsbezeichnung kann nach DIN 5008 vor oder nach dem Betrag stehen. Im **Fließtext** empfiehlt es sich, die Währungsbezeichnung **hinter** den Betrag zu setzen, da diese Schreibung lesefreundlicher ist.

Beispiel: Bitte überweisen Sie den Betrag von 250,44 EUR auf unser Konto Nr. 1234567.

Mengen- und Maßangaben

Bitte beachten Sie, dass der Punkt als Gliederungszeichen nur bei Geldbeträgen zulässig ist. Mengen- und Maßangaben mit mehr als drei Stellen können durch jeweils ein Leerzeichen in Gruppen von je drei Ziffern gegliedert werden. Die ungegliederte Schreibung ist auch zulässig. Sie ist jedoch schlecht lesbar und deshalb nicht empfehlenswert.

Beispiele: 20 000 m oder 20000 m
5 450 km oder 5450 km
4 000 St. oder 4000 St.
3 456 092 Einwohner oder 3456092 Einwohner

Postleitzahlen

Postleitzahlen werden nach DIN 5008 ungegliedert geschrieben. Sie finden Postleitzahlen im Internet unter www.postleitzahlen.de oder www.bigfoot.de.

Beispiel: 63843 Niedernberg

Postfachnummern

Die DIN 5008 schreibt vor, Postfachnummern von rechts nach links in Zweiergruppen zu gliedern.

Beispiel: Postfach 5 24 43

Hausnummern

Beispiele: Lange Straße 10 – 13
Stadtweg 10 u. 12
Stettiner Straße 2 a oder 2 A

Kalenderdaten

▶ Numerisch (internationale Schreibung)

Beispiele: JJJJ-MM-TT   20..–01–02
JJ-MM-TT   04–01–02

▶ Numerisch (nationale Schreibung)

Beispiele: TT.MM.JJJJ   02.01.20..
TT.MM.JJ   02.01.04

▶ Alphanumerisch

Beispiele: Langform: 2. Januar 20..
Kurzform: 2. Jan. 20..
mit Wochentag: Freitag, 2. Januar 20..

Die alphanumerische Schreibung ist lesefreundlicher als die numerische Schreibung und deshalb im Fließtext empfehlenswert. In Privatbriefen, wie zum Beispiel Glückwunschbriefen und Beileidsschreiben, verwenden Sie bitte auf alle Fälle die alphanumerische Schreibung.

Uhrzeiten

Die Uhrzeit besteht aus den Elementen „Stunde", „Minuten" und „Sekunden". Uhrzeiten werden mit dem Doppelpunkt geschrieben. Das Wort Uhr wird mit einem Leerschritt angefügt.

Beispiele: 22:33:34 Uhr
24:00 Uhr
07:24 Uhr

Das Wort „Uhr" wird nicht durch „h" ersetzt. Schreiben Sie also nicht 22:00 h, sondern 22:00 Uhr.

Unterschriften und Zeichnungsvollmachten

Mit der Unterschrift wird der Geschäftsbrief rechtsverbindlich. Deshalb ist es äußerst wichtig, dass der Empfänger deutlich erkennen kann, welche Vollmachten der Unterzeichner im Unternehmen besitzt. Wenn Sie die Kürzel für die Zeichnungsberechtigung weglassen, kann dies ernste Folgen haben, denn der Empfänger muss davon ausgehen, dass der Unterzeichner die für das Rechtsgeschäft erforderlichen Vollmachten besitzt. Auch wenn dies nicht der Fall ist, ist das Schriftstück trotzdem rechtsverbindlich.

Welche Zeichnungsvollmachten gibt es, und wann werden Sie gesetzt?

▶ **Firmeninhaber, Geschäftsführer, Gesellschafter und Vorstände** unterschreiben nur mit ihrem Namen. Damit die Empfänger wissen, mit wem sie es zu tun haben, sollte ihre Funktion innerhalb des Unternehmens durch einen Zusatz direkt unter dem Namen angegeben werden.

Beispiel: Peter Muster
Geschäftsführer

▶ **Prokuristen** sind zu allen gerichtlichen und außergerichtlichen Rechtsgeschäften berechtigt, die der Betrieb eines Gewerbes mit sich bringt. Dazu gehören auch branchenfremde Geschäfte. Die Prokura kann nur durch einen Vollkaufmann erteilt werden (das ist i. d. R. der Geschäftsinhaber) und muss ins Handelsregister eingetragen werden. Sie kann vom Umfang nicht eingeschränkt werden, berechtigt jedoch nicht zu folgenden Geschäften: Geschäftsauflösung, Verkauf des Unternehmens, Verkauf oder Belastung von Grundstücken, Privatgeschäfte, Aufnahme von neuen Gesellschaftern, Unterschrift von Inventar und Bilanz, Erteilung einer Prokura. Prokuristen unterschreiben mit ihrem Namen und dem Zusatz ppa. für „per prokura".

Beispiel 1:	Beispiel 2:
Freundliche Grüße	Freundliche Grüße
Muster GmbH	Muster GmbH
	ppa.
ppa. Peter Muster	Peter Muster

▸ **Handlungsbevollmächtigte** sind auf Dauer zu bestimmten Rechtsgeschäften berechtigt. Sie unterschreiben mit ihrem Namen und dem Zusatz i. V. für „in Vollmacht".

Die Handlungsvollmacht muss nicht ins Handelsregister eingetragen werden. Der Erteiler kann festlegen, wie weit die Befugnisse des Bevollmächtigten gehen.

Je nach Umfang der Befugnisse wird unterschieden zwischen:

General- oder Gesamtvollmacht

Sie berechtigt zu allen Geschäften, die der Betrieb eines Gewerbes mit sich bringt und kann vom Kaufmann (z. B. Inhaber) oder vom Prokuristen erteilt werden. Sie berechtigt nicht zu Geschäften, die auch der Prokurist nicht tätigen darf sowie zu Wechselgeschäften, Aufnahme von Darlehen und Krediten, Führen von Prozessen und Vollmachterteilung.

Unterschriftenzusatz: i. V.

Gattungs- oder Artvollmacht

Sie berechtigt zu Geschäften gleicher Art, die ständig im Unternehmen anfallen. Sie kann von jedem erteilt werden, der mindestens die gleiche Vollmacht besitzt.

Beispiele für Artvollmachten: Bankvollmacht, Postvollmacht

Unterschriftenzusatz: i. V.

Einzel- oder Sondervollmacht

Sie berechtigt zu einem einzigen, bestimmten Geschäft und erlischt danach wieder. Sie kann von jedem erteilt werden, der mindestens die gleiche Vollmacht besitzt.

Unterschriftenzusatz: i. V.

Beispiel 1:

Freundliche Grüße

Muster GmbH

ppa. Peter Muster

Beispiel 2:

Freundliche Grüße

Muster GmbH

i. V.

Peter Muster

Alle **Mitarbeiter**, die für bestimmte Geschäftsvorfälle zeichnungsberechtigt sind, unterschreiben mit ihrem Namen und dem Zusatz i. A. für „im Auftrag".

Kapitel 4

Entrümpeln Sie Ihre Korrespondenz

Vermeiden Sie Streckformen!

Durch Streckformen werden unsere Sätze länger und langatmiger als nötig, damit auch schwerer verständlich. Substantive, besonders solche auf „-ung", lassen die Sprache hölzern, konstruiert, übergewichtig erscheinen.

Streckformen fallen besonders dadurch unangenehm auf, dass sie gern in Scharen auftreten. Hat ein Briefschreiber erst einmal Gefallen an ihnen gefunden, neigt er meist dazu, sie gegenüber den einfachen Verben zu bevorzugen. Streckformen vermehren die Substantive in unseren Texten, die ohnehin eine führende Position haben. Unsere Ausführungen werden dadurch schwerfällig und hölzern. Unsere Texte werden dabei mit vielen blassen Verben wie „durchführen" und „vornehmen" belastet.

☞ **Mein Tipp:** Ersetzen Sie Streckformen durch Verben!

Beispiele:

👎 Nicht so	👍 Neue Version
Unser Angebot hat Gültigkeit bis ...	Unser Angebot ist bis ... gültig.
👎 **Nicht so**	👍 **Neue Version**
Bitte versehen Sie den Vertrag mit Ihrer Unterschrift und senden Sie uns diesen bis ... zurück.	Bitte senden Sie uns den unterschriebenen Vertrag bis ... zurück.
👎 **Nicht so**	👍 **Neue Version**
Am 15. Mai haben wir Sie davon in Kenntnis gesetzt, dass ...	Am 15. Mai haben wir Sie über ... informiert.
👎 **Nicht so**	👍 **Neue Version**
Wir bitten um umgehende Beantwortung unserer Fragen und wären Ihnen für die Rücksendung des ausgefüllten und unterschriebenen Formulars bis ... dankbar.	Bitte senden Sie uns das ausgefüllte und unterschriebene Formular bis ... zurück.
👎 **Nicht so**	👍 **Neue Version**
Die Abbuchung der Raten erfolgt von Ihrem Konto Nr. 123.	Die Raten buchen wir von Ihrem Konto Nr. 123 ab.

Entrümpeln Sie Ihre Korrespondenz

Nicht so

Bitte richten Sie Ihren Antrag auf Ausstellung einer EC-Karte direkt an die für Sie zuständige Filiale.

Neue Version

Bitte beantragen Sie Ihre EC-Karte bei der Filiale Mainhausen.

Die Beispiele zeigen deutlich, dass der verbale Stil die Sätze deutlich verkürzt. Spüren Sie die Streckformen in Ihrer Korrespondenz auf, und ersetzen Sie diese durch Verben! Die folgende Liste soll Ihnen dabei helfen:

Nicht so	Besser so
Bericht erstatten	berichten
Gültigkeit haben	gelten, gültig sein
einen Antrag stellen	beantragen
den Dank aussprechen	danken
in Erwägung ziehen	beabsichtigen, planen
in Auftrag geben	beauftragen, bestellen
die Zusage machen	zusagen
eine Entscheidung treffen	entscheiden
die Bitte aussprechen	bitten
etwas einer Prüfung unterziehen	prüfen
Mitteilung machen	mitteilen
eine Erhöhung vornehmen	ändern, leicht anheben
eine Frage aufwerfen	fragen
zur Kenntnis bringen	mitteilen, informieren
in Rechnung stellen	berechnen
in Abzug bringen	abziehen
Zustimmung erteilen	zustimmen
eine Änderung vornehmen	ändern
zur Anwendung bringen	anwenden
zum Ausdruck bringen	ausdrücken
Interesse bekunden	sich interessieren für
Abstand nehmen von	nicht annehmen
Erstattung vornehmen	erstatten
einen Besuch abstatten	besuchen
eine Begründung anbringen	begründen
eine Verzögerung verursachen	verzögern
zur Durchführung gelangen	durchführen
den Nachweis erbringen	nachweisen
die Erlaubnis erteilen	erlauben
in Vormerkung nehmen	vormerken
einen Einkauf tätigen	einkaufen
in Augenschein nehmen	ansehen

Überflüssige Adjektive

👎 Nicht so	👍 Besser so
zur Auszahlung gelangen	auszahlen
Beachtung schenken	beachten
die Klärung herbeiführen	klären
in die Wege leiten	veranlassen
dem Bedauern Ausdruck verleihen	bedauern
mit der Unterschrift versehen	unterschreiben
in Erfahrung bringen	erfahren
zur Auslieferung bringen	liefern
die Möglichkeit bieten	ermöglichen
sich mit dem Gedanken tragen	planen, beabsichtigen
sich genötigt sehen	**zu streng:** streichen
in Erinnerung rufen	erinnern
zur Verfügung stellen	zusenden

So rücken Sie Doppelformulierungen und überflüssigem Ballast zu Leibe!

Ausdrucksverdopplungen, überflüssige Formulierungen und Wortmüll verlängern Ihre Texte unnötig. Untersuchen Sie Ihre Briefe und E-Mails auf überflüssige Wendungen, und werfen Sie Ballast über Bord. Sie werden sehen, dass Ihre Texte viel kürzer, prägnanter und lesefreundlicher werden.

Man unterscheidet verschiedene Kategorien von überflüssigem Ballast:

Überflüssige Adjektive

👎 **Nicht so**

Einzelne Details finden Sie in unserem Katalog auf Seite 43.

👍 **Neue Version**

Details finden Sie in unserem Katalog auf Seite 43.

👎 **Nicht so**

Herr Meier wird am Montag einen **genauen** Termin mit Ihnen vereinbaren.

👍 **Neue Version**

Herr Meier vereinbart am Montag einen Termin mit Ihnen.

👎 **Nicht so**

Die ersten Vorgespräche zu dem **geplanten** Projekt finden am … und am … statt.

👍 **Neue Version**

Die Vorgespräche zu Projekt X finden am … und am … statt.

Überflüssige Vorsilben

Unnötige Vorsilben kommen meistens aus der Umgangssprache. Besonders dankbar für ein wenig Aufmerksamkeit sind daher diktierende Kollegen und Chefs. Lassen Sie diese Vorsilben einfach weg und Sie werden sehen, dass Ihre Texte kürzer werden und besser klingen.

👎 **Nicht so**

Bitte überweisen Sie den **Un**kostenbeitrag von 23.00 EUR auf unser Konto Nummer 123 bei der Sparkasse Aschaffenburg.

👍 **Neue Version**

Den Kostenbeitrag von 23,00 EUR überweisen Sie bitte auf ...

👎 **Nicht so**

Die **Aus**lieferung der Ware kann am 5. März ... erfolgen.

👍 **Neue Version**

Wir können die Ware am 5. März ... liefern.

👎 **Nicht so**

Falls Sie **Rück**fragen haben, wenden Sie sich bitte an Herrn Peter Schlier.

👍 **Neue Version**

Wenn Sie Fragen haben, wenden Sie sich bitte an Herrn Peter Schlier. Er berät Sie gerne.

oder

Ihre Fragen beantwortet Ihnen gerne Herr Schlier unter der Telefonnummer 123.

👎 **Nicht so**

Um **Rück**antwort bis ... wird gebeten.

👍 **Neue Version**

Bitte antworten Sie uns bis ...

👎 **Nicht so**

Gerne beziehen wir Sie in das Projekt **mit** ein.

👍 **Neue Version**

Gene beziehen wir Sie in das Projekt ein.

👎 **Nicht so**

Selbstverständlich erstatten wir Ihnen den Betrag von 50,00 EUR **zurück**.

👍 **Neue Version**

Selbstverständlich erstatten wir Ihnen den Betrag von 50,00 EUR.

👎 **Nicht so**

Wir haben sofort **über**prüft, weshalb die Ware nicht pünktlich bei Ihnen eingetroffen ist.

👍 **Neue Version**

Wir haben sofort geprüft, weshalb die Ware nicht pünktlich bei Ihnen eingetroffen ist.

👎 **Nicht so**

Vielen Dank für Ihre **Mit**hilfe.

👍 **Neue Version**

Vielen Dank für Ihre Hilfe/Unterstützung.

☛ **Mein Tipp:** Streichen Sie rigoros alle unnötigen Vorsilben, denn diese verlängern Ihren Text unötig, ohne ihn freundlicher zu gestalten.

Überflüssige Synonyme

Es ist nicht nötig, dem Empfänger die Bedeutung von gängigen Fremdwörtern zu erklären. Wenn Sie der Meinung sind, dass dieser mit Fremdwörtern Schwierigkeiten hat, dann entscheiden Sie sich bitte für den deutschen Ausdruck.

👎 **Nicht so**

Die **Ertragsrendite** ist in den letzten beiden Jahren um 5 % zurückgegangen.

👍 **Neue Version**

Der Ertrag ging in den letzten beiden Jahren um 5 % zurück.

oder

Die Rendite ging in den letzten beiden Jahren um 5 % zurück

👎 **Nicht so**

Sie haben folgende **Alternativmöglichkeit:**

👍 **Neue Version**

Sie haben folgende Alternative:

oder

Sie haben folgende Möglichkeit:

👎 **Nicht so**

Vielen Dank für Ihren **Telefonanruf.**

👍 **Neue Version**

Vielen Dank für Ihren Anruf.

👎 **Nicht so**

Die **Testversuche** zeigten, dass das Material in Ordnung ist.

👍 **Neue Version**

Die Tests zeigten, dass das Material in Ordnung ist.

oder

Die Versuche zeigten, dass das Material in Ordnung ist.

👎 **Nicht so**

Wie **bereits schon** am ... mitgeteilt, ...

👍 **Neue Version**

Am ... teilten wir Ihnen mit, dass ...

👎 **Nicht so**

Da der Fehler nicht bei uns lag, sind wir **leider** nicht **in der Lage,** Ihnen einen Preisnachlass geben **zu können.**

👍 **Neue Version**

Der Fehler lag nicht bei uns. Bitte haben Sie deshalb Verständnis, dass wir Ihnen keinen Preisnachlass geben können.

👎 **Nicht so**

Zu unserem **Bedauern** müssen wir Ihnen **leider** mitteilen, dass wir uns für einen Mitbewerber entschieden haben.

👍 **Neue Version**

Bitte haben Sie Verständnis, dass wir uns für einen Mitbewerber entschieden haben.

👎 **Nicht so**

Zu unserem Bedauern müssen wir Ihnen leider mitteilen, dass die Ware bis heute nicht bei uns eingetroffen ist.

👍 **Neue Version**

Die Ware ist bis heute nicht bei uns eingetroffen.

Überflüssige Partizipien

Lesen Sie gerne lange Briefe? Sind Sie nicht auch dankbar, wenn Ihr Korrespondenzpartner sich kurz und prägnant ausdrückt? Lange Texte verursachen unnötige Kosten und rauben Ihnen und dem Empfänger kostbare Zeit. Denken Sie immer daran: Nicht nur Sie müssen den Brief schreiben, auch Ihr Korrespondenzpartner investiert wertvolle Zeit, wenn er Ihren Brief liest. Verzichten Sie deshalb auf überflüssige Partizipien, und verkürzen Sie so Ihre Korrespondenz.

👎 **Nicht so**

Wir haben Ihr **an uns gerichtetes** Schreiben zur Information an unsere Rechnungsprüfung weitergeleitet.

👍 **Neue Version**

Ihren Brief haben wir an unsere Rechnungsprüfung weitergeleitet.

👎 **Nicht so**

Aus Ihren **uns nun vorliegenden** Unterlagen geht hervor, dass ...

👍 **Neue Version**

Aus Ihren Unterlagen geht hervor, dass ...

👎 **Nicht so**

Die **von Ihnen vorgebrachten** Einwände verstehen wir gut.

👍 **Neue Version**

Ihre Einwände verstehen wir gut.

👎 **Nicht so**

Für die **von uns erbrachten** Leistungen stellen wir Ihnen 500 EUR in Rechnung.

👍 **Neue Version**

Für unsere Leistungen berechnen wir 500 EUR.

👎 **Nicht so**

Gerne beteiligen wir uns an den **entstandenen** Kosten.

👍 **Neue Version**

Gerne beteiligen wir uns an den Kosten.

👎 **Nicht so**

In dem **zwischen Ihnen und uns abgeschlossenen** Vertrag haben wir festgelegt, dass ...

👍 **Neue Version**

Aus unserem Vertrag geht hervor, dass ...

Überflüssige Partizipien

👎 **Nicht so**

Wir danken Ihnen für Ihre Bewerbung und das an unserem Unternehmen **gezeigte** Interesse.

👍 **Neue Version**

Vielen Dank für Ihre ansprechende Bewerbung.

👎 **Nicht so**

Die von Ihnen **vorgebrachten** Einwände verstehen wir gut.

👍 **Neue Version**

Ihre Einwände verstehen wir gut.

Diese Liste hilft Ihnen, unnötige Partizipien aufzuspüren!

👎 Nicht so	👍 Neue Version
Ihr **erteilter** Auftrag	Ihr Auftrag
der **zwischen Ihnen und uns geschlossene** Vertrag	unser Vertrag
die **festgestellte** Tatsache	diese Tatsache
Ihre **mitgeteilte** Entscheidung	Ihre Entscheidung
die **von uns getroffene** Vereinbarung	unsere Vereinbarung
die **uns vorliegenden** Unterlagen	die Unterlagen
die **von Ihnen gewonnenen** Eindrücke	Ihre Eindrücke
die **von Ihnen vorgenommene** Auswahl	Ihre Auswahl
die **von Ihnen gemachten** Einwände	Ihre Einwände
die **von Ihnen vorgebrachten** Bedenken	Ihre Bedenken
die **von Ihnen durchgeführte** Untersuchung	Ihre Untersuchung
nach **erfolgtem Versand** der Ware	nach Versand der Ware
die **von Ihnen vorgenommenen** Änderungen	Ihre Änderungen
die **entstandenen Kosten** tragen wir	die Kosten tragen wir
der **mitgeschickte Prospekt** informiert Sie	unser Prospekt

Einfache Wörter statt komplizierte Ausdrücke

Warum umständlich, wenn es auch einfach geht. Langwierige Ausdrücke verlängern Ihr Schriftstück nur unnötigerweise. Lesen nicht auch Sie lieber leicht verständliche, kurze Texte?

👎 Nicht so	👍 Neue Version
auf diese Art und Weise	so
auf Grund von	wegen
baldmöglichst	bis ...
sämtliche	alle
mit Ausnahme von	ohne
aus diesem Grunde	deshalb
Benachrichtigung	Nachricht
Rückäußerung	Antwort
Auftragserteilung	Auftrag
unter Berücksichtigung von	wegen
im Hinblick auf	wegen
mit an Sicherheit grenzender Wahrscheinlichkeit	höchstwahrscheinlich
unter Zuhilfenahme von	mit
bis zum gegenwärtigen Zeitpunkt	bis jetzt
in den meisten Fällen	oft
in keinem Fall	nicht
unter Weglassung von	ohne
lediglich	nur

Vorreiter

Vorreiter sind sprachliche Einleitungswendungen, die der eigentlichen Information vorangestellt werden. Sie sind ein leeres Vorgeplänkel. Sie beanspruchen die Position des Hauptsatzes, ohne die Hauptsache zu sagen; das, worum es geht, wird durch den „Vorreiter" in den Nebensatz, meistens einen dass-Satz, gedrängt. Ein Gebot des guten Stils jedoch ist: **Die Hauptsache gehört in den Hauptsatz.**

Beispiele:

👎 Nicht so	👍 Neue Version
Wir teilen Ihnen mit, dass sich unsere Preise geändert haben.	Unsere Preise haben sich geändert.
Es ist wichtig, dass der Liefertermin eingehalten wird.	Bitte halten Sie den Liefertermin ein.

👎 Nicht so	👍 Neue Version
Wir machen Sie darauf aufmerksam, dass unser Vertrag vertraulich zu behandeln ist.	Bitte behandeln Sie unseren Vertrag vertraulich.
Wir verweisen darauf, dass diese Bedingung Bestandteil unserer Vereinbarung ist.	Diese Bedingung ist Bestandteil unserer Vereinbarung.
Wir weisen darauf hin, dass Vorreiter in der Regel entbehrlich sind.	Vorreiter sind in der Regel entbehrlich.

Streichen Sie Vorreiter am Satzanfang!

▶ In Beantwortung Ihrer Anfrage möchte ich Ihnen mitteilen, dass ...

▶ Wir haben Ihr Schreiben erhalten und teilen Ihnen mit, dass ...

▶ Wir kommen zurück auf Ihr Schreiben vom ... und teilen Ihnen mit, dass ...

▶ Dankend haben wir Ihren Auftrag erhalten und teilen Ihnen mit, dass ...

▶ Unter Bezugnahme auf Ihr Schreiben teilen wir Ihnen mit, dass ...

☞ **Mein Tipp:** Setzen Sie das Datum des Briefes, auf den Sie antworten, in den Betreff. Dann können Sie auf den Vorreiter „Bezug nehmend auf Ihren Brief ..." verzichten.

Weitere typische Vorreiter, die Sie sich abgewöhnen sollten:

- Es ist unsere Erfahrung, dass ...
- Wir vertreten den Standpunkt, dass ...
- Wir sind der Auffassung, dass ...
- Wir sind der festen Überzeugung, dass ...
- Es ist unsere Überzeugung, dass ...
- Wir freuen uns, Ihnen mitteilen zu können, dass ...
- Wir bedauern, Ihnen mitteilen zu müssen, dass ...
- Wir erlauben uns, Ihnen mitzuteilen, dass ...
- Wir können nicht umhin, Ihnen zu sagen, dass ...
- Wir möchten Sie darauf hinweisen, dass ...
- Wir möchten Sie darauf aufmerksam machen, dass ...
- Wir sind der Meinung, dass ...
- Der guten Ordnung halber möchten wir Sie darauf aufmerksam machen, dass ...
- Es ist Ihnen sicherlich bekannt, dass ...
- Zu Ihrer Information teilen wir Ihnen mit, dass ...
- Zu unserem Bedauern nahmen wir zur Kenntnis, dass ...
- Es ist unser erklärtes Ziel ...

Verzichten Sie auf Füllwörter!

möchten

Oft liest man in der Korrespondenz unnütze Floskeln wie zum Beispiel:

- Wir **möchten** uns für Ihre schnelle, unbürokratische Hilfe herzlich bedanken.
- Zu Ihrem 70. Geburtstag **möchten** wir Ihnen recht herzlich gratulieren.
- Zu unserem Tag der offenen Tür **möchten** wir Sie herzlich einladen.

☞ **Merke:** Nicht möchten, sondern tun!

Schreiben Sie deshalb besser:

- Herzlichen Dank für Ihre schnelle, unbürokratische Hilfe.
- Herzlichen Glückwunsch zu Ihrem 70. Geburtstag.
- Zu unserem Tag der offenen Tür laden wir Sie herzlich ein.

Hier sind einige weitere Beispiele aus der Praxis:

Beispiel 1: Hiermit **(1)** möchten **(2)** wir Herrn Peter Muster bescheinigen **(3)**, dass ...

Analyse

(1) Womit sonst? Dieser Begriff ist absolut überflüssig!
(2) Wieso „möchten" wir? Wenn wir möchten, warum tun wir es nicht? „Möchten" weist auf eine Handlung in der Zukunft hin.
(3) Das Wort „bescheinigen" ist hier überflüssig. Das steht bereits im Betreff.

👍 **Neue Version** Herr Peter Muster hat von ... bis ... an einem Seminar über ... teilgenommen.

oder

Gerne bestätigen wir, dass Herr Peter Muster von ... bis ... an einem Seminar über ... teilgenommen hat.

Beispiel 2: Wir **(1) möchten (2)** Sie zunächst **(3)** darauf hinweisen **(4)**, dass ...

Analyse

(1) Achtung: Beginnen Sie nicht jeden Satz mit „wir". Im Brief muss insgesamt ein Gleichgewicht zwischen „Sie" und „wir" herrschen.
(2) Wieso „möchten"?
(3) Überflüssiges Füllwort!
(4) Der Ausdruck „darauf hinweisen" wirkt schulmeisterhaft!

👍 **Neue Version** Bitte beachten Sie, dass ...

Beispiel 3: Wegen der verspäteten **(1)** Lieferung der Ware **möchten (2)** wir uns entschuldigen.

Analyse

(1) negativer Ausdruck
(2) Wieso „möchten"?

👍 **Neue Version** Bitte entschuldigen Sie, dass die Ware nicht pünktlich bei Ihnen eingetroffen ist.

Beispiel 4: Wir **möchten (1)** Ihnen ausdrücklich **(2)** bestätigen, dass ...

Analyse

(1) Füllwort
(2) Füllwort

👍 **Neue Version** Wie gewünscht, bestätigen wir Ihnen, dass ...

nunmehr

Beispiel: Wir haben **nunmehr (1)** bei unserer Buchhaltung veranlasst **(2)**, dass Sie in den nächsten Tagen den überzahlten Betrag in Form eines Verrechnungsschecks **(3)** erhalten werden.

Analyse

(1) Füllwort
(2) Wo das veranlasst wurde, ist für den Kunden nicht interessant.
(3) Umständlicher Ausdruck.

👍 **Neue Version** Sie erhalten in den nächsten Tagen einen Verrechnungsscheck über den zu viel bezahlten Betrag.

hiermit

Beispiel: Wir möchten Sie **hiermit (1)** bitten, sich zwecks **(2)** Regelung dieser leidigen **(3)** Angelegenheit möglichst umgehend mit uns in Verbindung zu setzen.

Analyse

(1) Womit denn sonst?
(2) Amtsdeutsch
(3) Negative Ausdrucksweise.

Neue Version Bitte setzen Sie sich mit Herrn Schmitt in Verbindung, damit wir Einzelheiten besprechen können. Sie erreichen ihn unter der Durchwahl -123.

hoffen

Hoffen ist nicht wissen. Verunsichern Sie den Kunden nicht dadurch, dass Sie nur hoffen, ihm geholfen zu haben.

Beispiel 1: Wir **hoffen (1)**, dass Ihnen unsere Informationen weiterhelfen.

Analyse

(1) Hoffen ist zu unsicher. Wenn Sie auf Ihre Kunden kompetent wirken möchten, dann verzichten Sie auf Ihre Hoffnungen.

Neue Version Wenn Sie weitere Fragen haben, rufen Sie uns einfach an. Wir beraten Sie gern.

oder

Ihre weiteren Fragen beantworten wir Ihnen gerne unter der Telefonnummer 06033 123-345.

Beispiel 2: Wir **hoffen**, mit unseren Erläuterungen den Sachverhalt geklärt zu haben.

Neue Version Haben Sie weitere Fragen? Sie erreichen uns ... Wir beraten Sie gern.

Beispiel 3: Wir **hoffen**, Sie an unserem Messestand begrüßen zu können.

Neue Version Wir freuen uns auf Ihren Besuch an unserem Messestand.

Beispiel 4:	Wir **hoffen,** dass wir Sie auch in Zukunft wieder zu unseren zufriedenen Kunden zählen **dürfen.**
👍 **Neue Version**	Wir freuen uns auf die weitere gute Zusammenarbeit.
Beispiel 5:	Wir **hoffen,** dass Sie mit diesem Vorschlag einverstanden sind.
👍 **Neue Version**	Sind Sie mit diesem Vorschlag einverstanden? Bitte informieren Sie uns bis ...
Beispiel 6:	Wir **hoffen,** den **Sachverhalt nunmehr** geklärt zu haben.
👍 **Neue Version**	Wenn Sie weitere Fragen haben, rufen Sie uns an. Wir beraten Sie gern.

Weitere stilistische Unebenheiten, die Sie kennen sollten!

Missverständlich gebrauchte Partizipien

Hüpfend von Ast zu Ast beobachtete das Kind das Eichhörnchen

Ja, wer hüpft da von Ast zu Ast? Das Kind oder das Eichhörnchen? Logisch: das Eichhörnchen. Aber ist das in diesem Satz auch ausgedrückt? Nein!

Das Partizip Präsens (Mittelwort der Gegenwart) **hüpfend** bezieht sich auf das Kind, also hüpft das Kind von Ast zu Ast.

Hand aufs Herz – kennen nicht auch Sie die folgenden Floskeln?

- **Beiliegend** senden **wir** Ihnen den Verkaufsbericht.

  Analyse: **Beiliegend** bezieht sich auf **wir, d. h. wir liegen bei!**

- **Beigefügt** erhalten **Sie** das gewünschte Angebot.

  Analyse: **Beigefügt** bezieht sich auf **Sie, d. h. Sie liegen bei!**

- **Untenstehend** finden **Sie** unsere Bankverbindungen.

  Analyse: **Untenstehend** bezieht sich auf **Sie, d. h. Sie stehen unten!**

- **Nachstehend** teilen **wir** Ihnen die Einzelheiten mit.

  Analyse: **Nachstehend** bezieht sich auf **wir, d. h. wir stehen nach!**

Entrümpeln Sie Ihre Korrespondenz

👎 Nicht so	👍 Neue Version
Beiliegend erhalten Sie ein Antragsformular.	Ein Antragsformular liegt bei.
Beigefügt senden wir Ihnen einen Prospekt.	Einen Prospekt haben wir diesem Angebot beigefügt.
Untenstehend finden Sie unsere Konten.	Unsere Konten haben wir am Briefschluss angegeben.

Indikativ (Wirklichkeitsform) statt Konjunktiv (Möglichkeitsform)

In der Geschäftskorrespondenz wird oft im Konjunktiv geschrieben. Der Konjunktiv verunsichert, der Indikativ veranlasst! Nutzen Sie deshalb verstärkt den Indikativ. Dadurch werden Ihre Aussagen klarer und deutlicher.

Beispiele:

Konjunktiv Wenn Sie heute bestellen **würden,** dann **hätten** Sie die Ware bereits am Freitag.

Was bedeutet „bestellen würden" und „hätten"? Die Aussage ist sehr unsicher, und in dem „hätten" steckt ein riesengroßes „vielleicht".

Indikativ Wenn Sie heute bestellen, dann haben Sie die Ware bereits am Freitag.

Konjunktiv Wir **würden** sehr uns freuen, wenn wir Sie nächste Woche an unserem Messestand begrüßen **dürften.**

In der Geschäftskorrespondenz geht es heute um selbstbewusstes und partnerschaftliches Auftreten. Dieser Satz jedoch klingt nicht so, als ob wir erwarten, dass der Kunde auch tatsächlich zur Messe kommt.

Indikativ Wir freuen uns auf Ihren Besuch an unserem Messestand.

Konjunktiv Wir **wären** Ihnen **dankbar,** wenn Sie uns das unterschriebene Formular bis zum 30. Januar 20.. zurückschicken **könnten.**

Indikativ Bitte schicken Sie uns das unterschriebene Formular bis 30. Januar 20.. zurück. Vielen Dank.

Vermeiden Sie falsch gebrauchte Superlative!

Die folgenden Superlative sind nicht korrekt:

- **bestbezahlteste**
- **bestverkauftester**
- **einzigste**
- **maximalste**
- **meistgelesenste**
- **optimalste**

👎 **Nicht:**

Herr Muster ist unser **bestbezahltester** Mitarbeiter.

👍 **Sondern:**

Herr Muster ist unser **bestbezahlter** Mitarbeiter.

👎 **Nicht:**

Das ist unser **bestverkauftester** Artikel.

👍 **Sondern:**

Das ist unser **bestverkaufter** Artikel.

👎 **Nicht:**

Das ist mein **einzigstes** Exemplar dieses Buches.

👍 **Sondern:**

Das ist mein **einziges** Exemplar dieses Buches.

👎 **Nicht:**

Das ist das **meistgelesenste** Buch dieses Autors.

👍 **Sondern:**

Das ist das **meistgelesene** Buch dieses Autors.

👎 **Nicht:**

Dies ist unser **meistgekauftester** Artikel.

👍 **Sondern:**

Dies ist unser **meistgekaufter** Artikel.

👎 **Nicht:**

Mit diesem Verfahren erreichen Sie das **optimalste** Ergebnis.

👍 **Sondern:**

Mit diesem Verfahren erreichen Sie ein **optimales** Ergebnis.

Meiden Sie Kanzleideutsch!

Lange unverständliche Sätze, geschmückt mit Uraltfloskeln und beschwert mit unnötigem Ballast! Umständliche Aussagen, garniert mit missverständlichen Begriffen, überflüssigem Schwulst, angereichert mit Substantiven und Fremdwörtern: Das ist Amtsdeutsch!

Nehmen Sie bitte zehn Briefe oder Telefaxe aus Ihren Ordnern, und zählen Sie einfach einmal die Länge der Sätze. Haben Sie öfters die 15-Wörter-Schallmauer durchbrochen? Wenn ja, dann sollten Sie dieses Kapitel aufmerksam lesen. Ich will jedoch nicht lange um den heißen Brei herumreden, sondern Ihnen lieber einige konkrete Regeln und Beispiele an die Hand geben:

Goldene Regel 1: Schreiben Sie kurz, prägnant, floskelfrei, aber freundlich! Beachten Sie die 15-Wörter-Schallmauer!

Goldene Regel 2: Ein Gedanke, ein Satz!

Wenn Sie diese Richtlinien beherzigen, dann geben Sie verstaubtem Ärmelschonerdeutsch keine Chance.

Sehen wir uns einfach einige Monstersätze an. Sie werden mir zustimmen: Wenn Sie ab und zu einmal einen Punkt machen und den überflüssigen Ballast einfach über Bord werfen, dann werden Ihre Briefe leichter lesbar und gleichzeitig kundenorientierter. Amtsdeutschfloskeln und stilistische Unebenheiten habe ich zu Ihrer besseren Übersicht in den folgenden Beispielen fett hinterlegt.

> 👎 **Nicht so**
>
> Sehr geehrter Herr Muster,
>
> **nach Durchsicht** Ihrer Rechnung, die uns gestern zuging, stellten wir fest, dass der von Ihnen zugesicherte Preisnachlass entgegen unserer Vereinbarung nicht **in Abzug gebracht** worden ist, weshalb wir die Rechnung **beiliegend mit der Bitte um baldige Berichtigung** zurückreichen.
>
> Wir bitten um umgehende **Regelung der Angelegenheit** und **verbleiben**
>
> mit freundlichen Grüßen

Meiden Sie Kanzleideutsch! 97

👍 **Neue Version**

Guten Tag, Herr Müller,

vielen Dank für Ihre Rechnung Nr. 123.

In Ihrer Auftragsbestätigung haben Sie uns einen Preisnachlass von 2 % zugesichert. Diesen haben Sie versehentlich nicht berücksichtigt.

Sobald wir Ihre korrigierte Rechnung erhalten, werden wir den Betrag sofort überweisen.

Freundliche Grüße

👎 **Nicht so**

Sehr geehrter Herr Muster,

anlässlich Ihres Besuches und Ihres Gesprächs mit **unserem** Herrn Müller wurde vereinbart, dass der am 31. März **zwischen Ihnen und uns geschlossene** Vertrag **ab**geändert **werden soll.**

In der Anlage erhalten Sie den neuen Vertrag in zweifacher Ausfertigung. Wir bitten Sie **höflichst** um **Rücksendung** eines Exemplars **nach vollzogener Unterschrift.**

Für Ihre **Bemühungen** bedanken wir uns im Voraus und **verbleiben**

mit freundlichen Grüßen

👍 **Neue Version**

Guten Tag, Herr Muster,

vielen Dank für Ihren Besuch und das angenehme Gespräch.

Wie vereinbart haben wir unseren Vertrag vom 31. März 20.. geändert. Sie erhalten zwei Ausfertigungen. Bitte schicken Sie uns ein unterschriebenes Exemplar zurück.

Vielen Dank und freundliche Grüße

👎 **Nicht so**

Unsere Bestellung Nr. 123 vom ...

Sehr geehrter Herr Muster,

die am 25. April bestellten Scheibenwischer haben wir **nunmehr** erhalten. **Leider müssen wir Ihnen jedoch mitteilen,** dass die Ware so schlecht verpackt war, dass neun der Scheibenwischer auf dem Transport so beschädigt worden sind, dass wir sie für unsere Produktion nicht verwenden können und sie deshalb wieder an Sie zurückschicken müssen.

Wir bitten um **Benachrichtigung,** bis wann Sie uns eine Ersatzlieferung zusagen können.

Mit freundlichen Grüßen

👍 **Neue Version**

Unsere Bestellung Nr. 123 vom ...

Guten Tag, Herr Muster,

vielen Dank, dass Sie unsere Bestellung so schnell ausgeführt haben.

Die Ware war jedoch nicht einwandfrei verpackt, so dass neun der Scheibenwischer verbogen bei uns eintrafen. Bitte teilen Sie uns noch heute per E-Mail mit, wann Sie Ersatz liefern können. Die beschädigte Ware senden wir unfrei an Sie zurück.

Freundliche Grüße aus Musterhausen

👎 **Nicht so**

Abtretung des im Grundbuch von ... in Abt. III unter lfd. Nr. 8 eingetragenen Grundpfandrechtes über EUR 22.000,00

Sehr geehrte Frau Muster,
sehr geehrter Herr Muster,

Ihrem Wunsch entsprechend haben wir die **o. g.** Grundschuld an die Musterbank abgetreten. Eine Kopie unseres **diesbezüglichen Schreibens** erhalten Sie **in der Anlage**.

Die Beglaubigungsgebühren für die notarielle Abtretungserklärung sowie die Auslagen **in Höhe von** 55,00 EUR werden wir in den nächsten Tagen **auf Grund** der uns erteilten Einzugsermächtigung von Ihrem Konto einziehen.

Mit freundlichen Grüßen

👍 **Neue Version**

Abtretung des im Grundbuch von ... in Abt. III unter lfd. Nr. 8 eingetragenen Grundpfandrechtes über EUR 22.000,00

Sehr geehrte Frau Muster,
sehr geehrter Herr Muster,

wie gewünscht haben wir die Grundschuld an die Musterbank abgetreten.

Die Beglaubigungsgebühren und Auslagen für die notarielle Abtretungserklärung von 55,00 EUR buchen wir von Ihrem Konto ab.

Haben Sie weitere Fragen? Dann rufen Sie uns an. Wir beraten Sie gern.

Freundliche Grüße

👎 Nicht so

Darlehensnehmer: Maximilian Meier
Objekt: Bungalow in der Staabstraße 2

Sehr geehrter Herr Muster,

wir **übersenden** Ihnen **heute zur Kenntnisnahme formlos beiliegende** Kopie der Darlehenszusage.

Wir danken Ihnen für die Darlehensvermittlung **in o. g. Angelegenheit**. Die **Ihnen zustehende** Provision von 0,50 % werden wir Ihnen bei Auszahlung des Darlehens überweisen.

Mit freundlichen Grüßen

👍 Neue Version

Darlehensnehmer: Maximilian Meier
Objekt: Bungalow in der Staabstraße 2

Sehr geehrter Herr Muster,

vielen Dank für die Darlehensvermittlung. Sie erhalten eine Kopie unserer Zusage.

Ihre Provision von 0,50 % überweisen wir Ihnen bei Auszahlung des Darlehens.

Wir freuen uns auf die weitere gute Zusammenarbeit!

Freundliche Grüße

👎 Nicht so

Darlehen für Objekt im Steinweg 3

Sehr geehrter Herr Muster,

vielen Dank für den unterschriebenen Darlehensantrag und die Unterlagen **in o. g. Sache**.

Leider mussten wir feststellen, dass im Grundbuch drei verschiedene Belastungen **in Höhe von** insgesamt 90.000,00 EUR eingetragen sind. Damit ist dieses Objekt durch unsere Bank nicht mehr beleihungsfähig.

Ihre Unterlagen erhalten Sie **beiliegend** zurück.

Wir verbleiben in der Hoffnung auf weitere gute Zusammenarbeit.

Mit freundlichen Grüßen

100 Entrümpeln Sie Ihre Korrespondenz

👍 **Neue Version**

Darlehen für Objekt im Steinweg 3

Sehr geehrter Herr Muster,

vielen Dank für Ihr Interesse an einem Darlehen.

Voraussetzung für die Finanzierung Ihres Objektes ist die erstrangige Eintragung der Grundschuld im Grundbuch. Da bereits drei Belastungen von insgesamt 90.000,00 EUR eingetragen sind, können wir dieses Objekt nicht finanzieren. Bitte haben Sie Verständnis.

Ihre Unterlagen erhalten Sie zurück.

Freundliche Grüße

Verzichten Sie auf Uraltfloskeln und Ärmelschonerdeutsch

Angelegenheit

👎 **Nicht so**

In **obiger Angelegenheit** erinnern wir Sie **höflich** an den Ausgleich unserer Rechnung Nummer 123 vom ... über den Betrag **in Höhe von** ...

👍 **Neue Version**

Bitte gleichen Sie unsere Rechnung Nr. 123 bis ... aus. Vielen Dank!

👎 **Nicht so**

Wir **wären Ihnen dankbar,** wenn Sie diese **Angelegenheit** bis ... klären könnten.

👍 **Neue Version**

Bitte klären Sie bis ..., weshalb die Ware nicht pünktlich bei uns eingetroffen ist.

👎 **Nicht so**

Wir hoffen, diese **Angelegenheit** damit **abschließend** und für Sie befriedigend geklärt zu haben.

👍 **Neue Version**

Wenn Sie weitere Fragen haben, sprechen Sie uns bitte an. Sie erreichen uns ...

angesichts

👎 **Nicht so**

Angesichts des von Ihnen geschilderten Sachverhalts **teilen wir Ihnen mit,** dass ...

👍 **Neue Version**

Wir haben sofort geprüft, weshalb die Ware nicht bei Ihnen eingetroffen ist. Es stellte sich heraus, dass ...

in der Anlage/anliegend

👎 **Nicht so**

In der Anlage erhalten Sie unsere Preisliste und unseren aktuellen Farbkatalog.

👍 **Neue Version**

Sie erhalten unsere Preisliste und unseren aktuellen Farbkatalog.

👎 **Nicht so**

Anliegend übersenden wir Ihnen das gewünschte Angebot.

👍 **Neue Version**

Sie erhalten das gewünschte Angebot.

aus gegebenem Anlass

👎 **Nicht so**

Aus gegebenem Anlass weisen wir Sie darauf hin, dass dieses Projekt streng vertraulich zu behandeln ist.

👍 **Neue Version**

Wir machen Sie darauf aufmerksam, dass dieses Projekt streng vertraulich ist.

oder

Bitte beachten Sie, dass dieses Projekt streng vertraulich ist.

anlässlich

👎 **Nicht so**

Anlässlich unseres Gesprächs am ... haben wir Folgendes vereinbart: ...

👍 **Neue Version**

Während unseres Gesprächs am ... haben wir Folgendes vereinbart: ...

👎 **Nicht so**

Anlässlich unseres 50. Firmenjubiläums findet am ... eine Feier statt, zu der wir Sie recht herzlich einladen möchten.

👍 **Neue Version**

Am ... feiern wir unser 50. Firmenjubiläum. Hierzu laden wir Sie herzlich ein.

Anliegen

👎 **Nicht so**

Es ist uns ein **Anliegen,** Sie zufrieden zu stellen.

👍 **Neue Version**

Es ist uns sehr wichtig, dass Sie zufrieden sind.

baldmöglichst

👎 **Nicht so**

Bitte teilen Sie uns **baldmöglichst** mit, ob Sie mit diesem Vorschlag einverstanden sind.

👍 **Neue Version**

Bitte teilen Sie uns bis ... mit, ob Sie mit diesem Vorschlag einverstanden sind.

oder

Sind Sie mit unserem Vorschlag einverstanden? Bitte informieren Sie uns bis ...

beinhalten

👎 **Nicht so**

Unser Angebot **beeinhaltet** Verpackung und Transportkosten frei Haus.

👍 **Neue Version**

In unserem Angebot sind die Verpackung sowie die Transportkosten frei Haus enthalten.

bekannt geben

👎 **Nicht so**

Bitte **geben** Sie uns bis ... die Lieferanschrift **bekannt**.

👍 **Neue Version**

Bitte teilen Sie uns bis ... die Lieferanschrift mit.

Bescheid

👎 **Nicht so**

Wir bedauern, Ihnen keinen besseren **Bescheid** geben zu können, und wünschen Ihnen für Ihren weiteren beruflichen und privaten Lebensweg alles erdenklich Gute.

👍 **Neue Version**

Wir sind sicher, dass Sie schon sehr bald die Position finden, die Ihren Vorstellungen entspricht. Viel Erfolg!

bezüglich, Bezug nehmend, wir nehmen Bezug

👎 **Nicht so**

Bezug nehmend auf Ihr Schreiben vom ... teilen wir Ihnen mit, dass wir mit Ihrem Vorschlag einverstanden sind.

👍 **Neue Version**

Wir sind mit Ihrem Vorschlag einverstanden.

Verzichten Sie auf Uraltfloskeln und Ärmelschonerdeutsch

👎 **Nicht so**

Unter Bezugnahme auf Ihr Schreiben vom ... teilen wir Ihnen mit, dass die gewünschten Hemden ab Lager lieferbar sind.

👍 **Neue Version**

Die gewünschten Hemden sind ab Lager lieferbar.

dankend erhalten

👎 **Nicht so**

Ihren Brief haben wir **dankend erhalten** und teilen Ihnen mit, dass ...

👍 **Neue Version**

Vielen Dank für Ihren Brief. Gerne beantworten wir Ihre Fragen.

diesbezüglich

👎 **Nicht so**

Bitte teilen Sie uns **diesbezüglich** mit, ob Sie einverstanden sind.

👍 **Neue Version**

Bitte teilen Sie uns mit, ob Sie mit unserem Vorschlag einverstanden sind.

einräumen

👎 **Nicht so**

Gerne **räumen** wir Ihnen ein Vorkaufsrecht **ein**.

👍 **Neue Version**

Gerne garantieren wir Ihnen das Vorkaufsrecht.

einreichen

👎 **Nicht so**

Bitte **reichen** Sie den Antrag bis ... **ein**.

👍 **Neue Version**

Bitte senden Sie uns den Antrag bis ... zu.

einschlägig

👎 **Nicht so**

Laut **einschlägiger** Rechtsprechung ...

👍 **Neue Version**

Nach Urteil des Bundesverfassungsgerichtes vom ...

entgegensehend

Nicht so

Ihrer **baldigen** Antwort **entgegensehend** verbleiben wir ...

Neue Version

Bitte antworten Sie uns bis ... Herzlichen Dank!

gedient

Nicht so

Wir **hoffen,** Ihnen hiermit **gedient** zu haben.

Neue Version

Ihre weiteren Fragen beantworten wir Ihnen gerne unter der Telefonnummer ...

gegebenenfalls

Nicht so

Bitte teilen Sie uns **gegebenenfalls** mit, ob ...

Neue Version

Bitte teilen Sie uns mit, ob ...

gemäß/wunschgemäß/vereinbarungsgemäß/vertragsgemäß

Nicht so

Gemäß § 3 unserer allgemeinen Geschäftsbedingungen ...

Neue Version

Nach § 3 unserer allgemeinen Geschäftsbedingungen ...

Nicht so

Wunschgemäß bestätigen wir Ihnen ...

Neue Version

Gerne bestätigen wir Ihnen ...

gewähren

Nicht so

Bei Bestellungen ab 1.000 Stück **gewähren** wir Ihnen einen Mengenrabatt von 10 %.

Neue Version

Bei Bestellungen ab 1.000 Stück erhalten Sie einen Mengenrabatt von 10 %.

sich außer Stande sehen

👎 **Nicht so**

Falls wir die Zahlung nicht bis ... erhalten, sehen wir uns **außer Stande,** die Geschäftsbeziehung mit Ihnen fortzusetzen.

👍 **Neue Version**

Gerne möchten wir auch in Zukunft mit Ihnen zusammenarbeiten. Bitte begleichen Sie deshalb unsere Rechnung Nr. ... bis ...

sich erlauben/gestatten

👎 **Nicht so**

Wir **erlauben** uns, Sie darauf aufmerksam zu machen, dass ...

👍 **Neue Version**

Bitte beachten Sie, dass ...

👎 **Nicht so**

Wir **gestatten** uns, Sie darauf hinzuweisen, dass dieses Projekt vertraulich ist.

👍 **Neue Version**

Bitte behandeln Sie dieses Projekt vertraulich.

sich gezwungen sehen

👎 **Nicht so**

Bitte überweisen Sie den Betrag von ... bis ..., sonst **sehen wir uns gezwungen, rechtliche** Schritte gegen Sie einzuleiten.

👍 **Neue Version**

Bitte überweisen Sie den Betrag von ... bis ... So können Sie verhindern, dass wir rechtliche Schritte einleiten.

Inangriffnahme

👎 **Nicht so**

Die **Inangriffnahme** des Projekts erfolgt am ...

👍 **Neue Version**

Das Projekt beginnt am ...

in Höhe von

👎 **Nicht so**

Bitte überweisen Sie den Betrag **in Höhe von** 1.000,00 EUR auf unser Konto Nr. 123.

👍 **Neue Version**

Bitte überweisen Sie den Betrag von 1.000,00 EUR auf unser Konto Nr. 123.

Rechtsunterzeichner/Linksunterzeichner

👎 **Nicht so**

Wenn Sie Fragen haben, wenden Sie sich bitte an den **Rechtsunterzeichner**.

👍 **Neue Version**

Wenn Sie Fragen haben, wenden Sie sich bitte an Herrn Muster. Er berät Sie gern.

oder

Ihre Fragen beantwortet Ihnen gerne Herr Muster unter der Telefonnummer 123.

Rückäußerung

👎 **Nicht so**

Mit der Bitte um **Rückäußerung**.

👍 **Neue Version**

Können Sie mir Ihre Meinung hierzu bitte bis ... mitteilen?

oder

Bitte teilen Sie mir bis ... mit, ob Sie mit unserem Vorschlag einverstanden sind.

Rücksprache

👎 **Nicht so**

Mit der Bitte um **Rücksprache**.

👍 **Neue Version**

Bitte rufen Sie mich bis ... an, damit wir Einzelheiten besprechen können.

👎 **Nicht so**

Nach **Rücksprache** mit Herrn Muster werden wir uns mit Ihnen in Verbindung setzen.

👍 **Neue Version**

Sobald wir mit Herrn Muster gesprochen haben, hören Sie von uns.

Sachverhalt

👎 **Nicht so**

Sobald wir den **Sachverhalt** geklärt haben, werden wir uns mit Ihnen in Verbindung setzen.

👍 **Neue Version**

Sie hören von uns, sobald wir geklärt haben, wie wir Ihnen in diesem Fall entgegenkommen können.

Verzichten Sie auf Uraltfloskeln und Ärmelschonerdeutsch

Stellungnahme

Nicht so

Mit der Bitte um **Stellungnahme**.

Neue Version

Bitte teilen Sie uns bis ... mit, wie Sie die Situation beurteilen.

oder

Bitte informieren Sie uns bis ..., wie Sie diese Zahlen interpretieren.

oder

Bitte teilen Sie uns bis ... mit, weshalb die Ware beschädigt bei uns ankam.

unsererseits

Nicht so

Da es sich um ein Versehen **unsererseits** handelt, sind wir bereit, die Ware umzutauschen.

Neue Version

Da es unser Versehen war, tauschen wir die Ware selbstverständlich um.

verbleiben

Nicht so

Wir hoffen, bald von Ihnen zu hören und **verbleiben** bis dahin ...

Neue Version

Können Sie uns bitte bis ... antworten? Herzlichen Dank!

Nicht so

Wir hoffen, Ihnen hiermit **gedient** zu haben und **verbleiben** ...

Neue Version

Wenn Sie weitere Fragen haben, rufen Sie uns bitte an. Wir beraten Sie gern.

vertrauensvoll

Nicht so

Bei **Rück**fragen wenden Sie sich bitte **vertrauensvoll** an ...

Neue Version

Bei Fragen wenden Sie sich bitte an ...

Vorgang

Nicht so

Ihren **Vorgang** haben wir an unsere Rechtsabteilung weitergeleitet.

Neue Version

Ihre Unterlagen haben wir an unsere Rechtsabteilung weitergeleitet. Herr X wird sich bis ... mit Ihnen in Verbindung setzen.

zwecks

Nicht so

Sie erhalten die gewünschte Statistik **zwecks Stellungnahme**.

Neue Version

Bitte teilen Sie uns bis ... mit, wie Sie diese Statistik interpretieren. Herzlichen Dank!

oder

Sie erhalten die gewünschte Verkaufsstatistik. Bitte rufen Sie mich bis ... an, damit wir über diese Zahlen sprechen können.

Aktiv statt Passiv!

Im Amtsdeutsch wird auch häufig mit dem Passiv gearbeitet. Dadurch wirken die Texte hölzern und geschraubt. Bevorzugen Sie für Ihre Korrespondenz die Aktivform und Ihr Briefstil wird frischer und lebendiger.

Die Passivkonstruktion (Leideform) sagt nicht aus, *wer was tut,* sondern, *wem was widerfährt.*

Beispiele für Passivkonstruktionen:

- die Unterlagen **wurden** Ihnen am 14. Dezember 20.. **zugeschickt**
- es **wurde** Ihnen bereits **mitgeteilt**
- am 12. April 20.. **wurde** ein Prospekt von Ihnen **angefordert**

Die Aktivkonstruktion (Tatform) sagt aus, *wer was tut* und bringt etwas mehr Schwung in Ihre Korrespondenz.

Beispiele für Aktivkonstruktionen:

- wir haben Ihnen die gewünschten Unterlagen am 14. Dez. 20.. zugeschickt
- Herr Winkler teilte Ihnen am 14. November 20.. mit
- am 12. März 20.. haben Sie einen Prospekt angefordert.

☛ **Mein Tipp:** Bevorzugen Sie Aktivkonstruktionen. So wirken Ihre Texte lebendiger!

Beispiel 1:	Sehr geehrter Herr Winter,
	eine Berichtigung Ihres Kontos **wurde** (1) inzwischen (2) **vorgenommen** (3).

Analyse

(1) Wer hat den Fehler korrigiert?
(2) Das Wort „inzwischen" klingt zu langsam.
(3) Wo ist die Entschuldigung?

👍 **Neue Version**	Sehr geehrter Herr Winter,
	vielen Dank für Ihren Hinweis. Selbstverständlich haben wir Ihren Kontostand sofort berichtigt. Bitte entschuldigen Sie unser Versehen.

Beispiel 2:	Sehr geehrte Frau Peters,
	auf Grund Ihres Schreibens vom ... (1) **wurde** (2) das Mahnverfahren **gestoppt** (3).

Analyse

(1) Diese Information gehört in die Bezugszeichenzeile oder in den Betreff.
(2) Wer hat das Mahnverfahren gestoppt?
(3) Wo ist die Entschuldigung für das versehentlich eingeleitete Mahnverfahren?

👍 **Neue Version**	Sehr geehrte Frau Peters,
	vielen Dank für Ihren Anruf. Sie haben Recht, wir haben einen Fehler gemacht. Selbstverständlich haben wir das Mahnverfahren sofort gestoppt. Bitte entschuldigen Sie unser Versehen.

Beispiel 3:	Sehr geehrter Herr Schneider,
	Ihnen **wurde** bereits mehrmals **mitgeteilt** (1), dass Ihr Dauerauftrag **geändert werden muss** (2).

Analyse

(1) Zwischen den Zeilen steht: „Du langsamer Mensch!"
(2) Sprechen Sie den Empfänger direkt an.

👍 **Neue Version**	Sehr geehrter Herr Schneider,
	auf unser Schreiben vom ... haben Sie nicht reagiert. Bitte ändern Sie bis ... Ihren Dauerauftrag, damit Ihr Versicherungsschutz auch weiterhin garantiert ist.

Beispiel 4:

👎 **Nicht so**

Bei Schwertransporten **muss** die Polizei verständigt **werden**.

👍 **Neue Version**

Bei Schwertransporten verständigen Sie bitte die Polizei.

Beispiel 5:

👎 **Nicht so**

Nach Rücksprache mit Herrn Muster **wird** Ihnen unsere Stellungnahme unverzüglich **zugesandt**.

👍 **Neue Version**

Sie hören von uns, sobald wir mit Herrn Muster gesprochen haben.

Beispiel 6:

👎 **Nicht so**

Gemäß Ihrem Scheiben vom ... **wurde** die Lieferung am ... **zurückgenommen** und der Rechnungsbetrag erstattet.

👍 **Neue Version**

Wie gewünscht haben wir die Ware am ... zurückgenommen und Ihnen den Rechnungsbetrag erstattet.

Beispiel 7:

👎 **Nicht so**

Der Betrag von 100,00 EUR ist heute Ihrem Konto bei der Musterbank, Kontonummer 123, **angewiesen worden**.

👍 **Neue Version**

Den Betrag von 100,00 EUR haben wir heute auf Ihr Konto Nr. 123 bei der Musterbank überwiesen.

Beispiel 8:

👎 **Nicht so**

Wie bei unseren Untersuchungen **festgestellt werden konnte**, ist das Material einwandfrei.

👍 **Neue Version**

Unsere Untersuchungen haben gezeigt, dass das Material in Ordnung ist.

Beispiel 9:

👎 **Nicht so**

Der Lastschriftauftrag **wurde** inzwischen von uns **zurückgebucht**. Das Versehen bedauern wir sehr.

👍 **Neue Version**

Bitte entschuldigen Sie unser Versehen. Selbstverständlich haben wir den Lastschriftauftrag sofort zurückgebucht.

Kapitel 5

So werden Ihre Briefe noch empfängerorientierter!

Kundenorientiert schreiben in der „Sie"-Form

Henry Ford: „Um Erfolg zu haben, muss man den Standpunkt des anderen einnehmen und die Dinge mit seinen Augen betrachten."

Vergleichen Sie die folgenden Formulierungen:

Wir-Stil/Ich-Stil	Sie-Stil
Wir sind der Meinung, dass dies die beste Lösung für Sie ist.	Sind Sie mit dieser Lösung einverstanden?
Ich meine, dass man in einem solchen Fall ...	Sie haben folgende Möglichkeit: ...
Ich glaube, dass die folgenden Punkte bedacht werden müssen.	Bedenken Sie bitte Folgendes:
Wir werden Ihnen im Folgenden veranschaulichen, dass ...	Überzeugen Sie sich bitte, dass ...

☞ **Mein Tipp:** Bevorzugen Sie die SIE-Form. So vermitteln Sie dem Kunden den Eindruck, dass Ihnen seine Wünsche wichtig sind. Machen Sie den Kunden zum Mittelpunkt Ihrer Arbeit.

Hier sind noch einige weitere Bespiele aus der Praxis!

Beispiel 1:

👎 Nicht so	👍 Neue Version
Wir bitten Sie deshalb, uns mitzuteilen, ob Sie einverstanden sind.	Bitte teilen Sie uns mit, ob Sie einverstanden sind.
	oder
	Können Sie uns bitte bis ... informieren, ob Sie einverstanden sind?

Beispiel 2:

👎 **Nicht so**

Wir freuen uns über Ihren Auftrag und versichern Ihnen, dass ...

👍 **Neue Version**

Sie können sicher sein, dass wir Ihren Auftrag pünktlich ausführen.

Beispiel 3:

👎 **Nicht so**

Wir bitten Sie, uns so bald wie möglich von dem Ergebnis der Besprechung zu unterrichten.

👍 **Neue Version**

Bitte teilen Sie uns das Ergebnis der Besprechung bis ... mit. Vielen Dank.

Beispiel 4:

👎 **Nicht so**

In den nächsten Tagen werden wir Ihnen unseren neuen Prospekt zusenden.

👍 **Neue Version**

Sie erhalten unseren neuen Prospekt in den nächsten Tagen.

Beispiel 5:

👎 **Nicht so**

Wir mussten leider feststellen, dass wir den Eingang Ihrer Zahlung für unsere Rechnung Nr. 1234 immer noch nicht verbuchen konnten.

👍 **Neue Version**

Auf unsere Erinnerung vom ... haben Sie nicht reagiert. Liegt vielleicht ein Missverständnis vor? Bitte setzen Sie sich mit uns in Verbindung, oder überweisen Sie den Betrag von ... bis ... auf unser Konto Nr. 123.

Beispiel 6:

👎 **Nicht so**

Leider müssen wir Ihnen die Mitteilung machen, dass die von Ihnen bestellten Artikel derzeit nicht lieferbar sind.

👍 **Neue Version**

Die Artikel Nr. 1 und 2 sind derzeit nicht lieferbar. Als interessante Alternative bieten wir Ihnen ... an.

Beispiel 7:

👎 **Nicht so**

Wir schicken Ihnen ein Muster von ...

👍 **Neue Version**

Sie erhalten ein Muster von ...

Beispiel 8:

👎 **Nicht so**

Wir freuen uns über Ihr Interesse an unseren Produkten.

👍 **Neue Version**

Vielen Dank für Ihr Interesse an unseren Produkten.

Formulieren Sie positiv!

Oft müssen Sie Ihrem Briefpartner unerfreuliche Mitteilungen machen:

- Die Preise haben sich erhöht.
- Der vom Kunden gewünschte Liefertermin kann nicht eingehalten werden.
- Ein Kundenwunsch muss abgelehnt werden.

Halten Sie sich hierbei an folgende Regeln:

- Fallen Sie nicht mit der Tür ins Haus.
- Beginnen Sie Ihren Brief/Ihre E-Mail nicht mit „leider", „zu unserem Bedauern" oder „bedauerlicherweise".
- Formulieren Sie die unerfreuliche Mitteilung indirekt.
- Ersetzen Sie negative durch positive Ausdrücke.
- Begründen Sie negative Entscheidungen und Absagen.
- Denken Sie über Alternativen nach, und bieten Sie diese gezielt an.

☞ **Mein Tipp:** Formulieren Sie positiv! Jedes Ding hat zwei Seiten. Sie kennen sicher die Geschichte mit dem Glas Wasser: Herr Negativ sagt verzweifelt: „Oh Gott, mein Glas ist schon halb leer!" Herr Positiv sagt fröhlich: „Hurra, mein Glas ist noch halb voll!" Mit welchem dieser beiden Herren möchten Sie lieber zu tun haben?

Einige Beispiele zum Nachdenken:

Beispiel 1:

👎 **Nicht so**

Da Sie das vorgeschriebene Alter von 60 Jahren noch nicht erreicht haben, können wir Ihrem Antrag leider nicht zustimmen.

👍 **Neue Version**

Sobald Sie das vorgeschriebene Alter von 60 Jahren erreicht haben, können wir Ihrem Antrag zustimmen.

Beispiel 2:

👎 **Nicht so**

Da Sie die Mindestsumme von ... EUR noch nicht aufbringen können, müssen wir Ihren Antrag leider ablehnen.

👍 **Neue Version**

Sobald Sie die Mindestsumme von ... EUR aufbringen, können wir Ihren Antrag annehmen.

Beispiel 3:

👎 **Nicht so**

Weil wir Ihren Kreditantrag erst nach Nürnberg schicken mussten, bitten wir Sie um Geduld. Sie erhalten von dort unaufgefordert Nachricht.

👍 **Neue Version**

Ihren Kreditantrag haben wir sofort an Herrn Peter Muster in Nürnberg weitergeleitet. Er/Sie wird Sie benachrichtigen, sobald ...

Beispiel 4:

👎 **Nicht so**

Herr Meier ist diese Woche nicht im Hause.

👍 **Neue Version**

Sie können Herrn Meier am ... erreichen.

Beispiel 5:

👎 **Nicht so**

Vom ... bis ... haben wir wegen Betriebsurlaub geschlossen.

👍 **Neue Version**

Vom ... bis ... erholen wir uns für Sie. Ab ... können Sie uns wieder erreichen.

Formulieren Sie positiv! 115

Beispiel 6:

👎 **Nicht so**

Die Unterlagen müssen Sie uns bis spätestens ... zurückschicken.

👍 **Neue Version**

Sie können die Unterlagen bis ... behalten.

Beispiel 7:

👎 **Nicht so**

Den Vertrag können wir erst ändern, wenn Sie uns die dazu erforderlichen Unterlagen eingereicht haben.

👍 **Neue Version**

Sobald Sie uns die erforderlichen Unterlagen zugeschickt haben, ändern wir den Vertrag.

Beispiel 8:

👎 **Nicht so**

Wir weisen Sie darauf hin, dass wir die zweite Warensendung erst absenden können, wenn Sie Ihr Versprechen zur Zahlung der ersten Lieferung eingehalten haben.

👍 **Neue Version**

Sobald Sie – wie zugesagt – die erste Lieferung bezahlt haben, senden wir gern die zweite Charge an Sie ab.

Beispiel 9:

👎 **Nicht so**

Unser Kundendienst ist leider nur wochentags erreichbar.

👍 **Neue Version**

Unser Kundendienst ist montags bis freitags von 08:00 bis 20:00 Uhr für Sie da.

Formulieren Sie kundenorientiert!

Streichen Sie belehrende Formulierungen

👎 Nicht so	👍 Besser so
Es müsste Ihnen doch bekannt sein, dass ...	Sie wissen, dass ...
Aus dem Vertrag geht doch eindeutig hervor, dass ...	Bitte lesen Sie in unserem Vertrag nochmals Artikel ...
Wie Sie ja eigentlich wissen müssten ...	Wir haben Sie am 7. Juni .... darüber informiert, dass ...

Verzichten Sie auf Drohungen

👎 Nicht so	👍 Besser so
Wir sehen uns nun gezwungen, Maßnahmen zu ergreifen.	Bitte haben Sie Verständnis, dass ...
Sie dürfen sicher sein, dass wir alle Möglichkeiten ausschöpfen werden, um unsere Rechte zu wahren.	Wir werden in diesem Fall unsere Rechte gerichtlich geltend machen.
Bei diesem Verhalten brauchen Sie sich nicht zu wundern, wenn ...	Wir haben Ihnen in unserem Brief unseren Standpunkt geschildert. Bitte teilen Sie uns mit, wie Sie darüber denken. Gemeinsam finden wir sicher eine Lösung.

Schroffe Formulierungen sind nicht angebracht

👎 Nicht so	👍 Besser so
Ihre Beanstandung ist nicht gerechtfertigt, weil ...	Ihrer Beanstandung können wir nicht in allen Punkten zustimmen.
Ihre Kündigung müssen wir leider ablehnen.	Ihre Kündigung ist zum ... möglich.

Werden Sie nicht ironisch

👎 Nicht so	👍 Besser so
Es dürfte Ihnen wohl entgangen sein, dass ...	Haben Sie ... übersehen? Bitte prüfen Sie nochmals ...
Es dürfte Ihrer Aufmerksamkeit entgangen sein, dass ...	Bitte lesen Sie nochmals § 6 unserer Vereinbarung.
Besonders verbunden wären wir Ihnen, wenn Sie sich nun endlich entschließen könnten ...	Bitte teilen Sie uns bis ... mit, ob ...

Keine gönnerhaften Zugeständnisse

👎 Nicht so	👍 Besser so
Entgegenkommenderweise sind wir bereit, ...	Bitte schicken Sie die Ware zurück.
Ausnahmsweise sind wir bereit, ...	Wir möchten, dass Sie als Kunde mit unseren Leistungen zufrieden sind. Deshalb ...
Um Ihnen weitgehendst entgegenzukommen ...	Wir bieten Ihnen folgende Lösung an: ... Sind Sie damit einverstanden?

Wer fragt, der führt!

Was für die Rhetorik gilt, das gilt auch für die Korrespondenz. Direkte Fragen veranlassen den Empfänger, Ihnen direkt zu antworten. Außerdem lockern sie Ihren Brief auf.

☛ Mein Tipp: Stellen Sie direkte Fragen, um direkte Antworten zu bekommen.

👎 Nicht so	👍 Besser so
Bitte informieren Sie uns, ob dieser Vorschlag Ihren Erwartungen entspricht.	Sind Sie mit diesem Vorschlag einverstanden?
Bitte teilen Sie uns mit, wann sich dieser Unfall ereignet hat.	Wann hat sich der Unfall ereignet?
Es wäre gut, wenn Sie uns das Gutachten bis ... zusenden könnten.	Können Sie uns das Gutachten bis ... zusenden?

👎 Nicht so	👍 Besser so
Um Ihnen weiterhelfen zu können, müssen wir wissen, wann Sie uns den Antrag geschickt haben.	Wann haben Sie uns den Antrag zugeschickt?
Falls Sie weitere Informationen brauchen, stehen wir Ihnen gern zur Verfügung.	Brauchen Sie weitere Informationen? Rufen Sie uns einfach an!

Fragen und bitten statt fordern und erwarten!

Manche Korrespondenten haben vergessen, dass Höflichkeit und Etikette auch in der Korrespondenz wichtig sind.

☞ **Mein Tipp:** Achten Sie auf Höflichkeit und Etikette. Es lohnt sich!

👎 Nicht so	👍 Besser so
Ich erwarte Ihre Antwort bis ...	Bitte antworten Sie uns bis ...
Herr XYZ erwartet Ihre Stellungnahme bis ...	Bitte teilen Sie uns bis ... mit, ob ...
Als Termin für Ihre Antwort haben wir uns den ... vorgemerkt.	Können Sie uns bitte bis .. antworten?
Wir gehen davon aus, dass Sie mit unserem Vorschlag einverstanden sind.	Sind Sie mit unserem Vorschlag einverstanden? Bitte informieren Sie uns bis ...
Ihr Einverständnis voraussetzend ...	Sind Sie einverstanden? Bitte rufen Sie uns an.
Wir nehmen an, dass Sie unserer Meinung sind und haben deshalb veranlasst, dass ...	Bitte teilen Sie uns mit, wie Sie darüber denken.

Kapitel 6

Brieftypen von A – Z

Absagen

Auch die freundliche Absage will gelernt sein. Dabei ist zu bedenken, dass **jeder** Brief, der das Unternehmen verlässt, eine Visitenkarte ist.

Absagen sind außerdem ein Frage der Höflichkeit. Ich empfehle Ihnen frühzeitig abzusagen, wenn:

– Sie eine Einladung nicht annehmen können oder möchten,
– Sie einen Termin nicht wahrnehmen können oder verschieben müssen,
– Sie einem Bewerber keinen Arbeitsplatz anbieten können,
– Sie ein Angebot nicht annehmen möchten.

Bitte schieben Sie Absagen nicht vor sich her. Eine frühzeitige Absage wirkt höflicher und glaubwürdiger. In den folgenden Abschnitten habe ich Ihnen Wissenswertes zum Thema Absagen zusammengetragen, schlechte Briefe unter die Lupe genommen und gute Beispiele zusammengestellt.

Absagen an Bewerber

Besonders vernachlässigt werden in der Praxis Absagen an Bewerber. Viele Unternehmen denken nicht daran, dass jeder Bewerber ein potenzieller Kunde ist. Wenn dieser Bewerber eine Absage erhält, die ihm Mut macht und sein Selbstwertgefühl schützt, dann ist die Chance, dass er uns in guter Erinnerung behält, wesentlich größer.

Zudem verbringen Bewerber viele Feierabende und Wochenenden damit, Bewerbungen zu schreiben. Sie investieren Zeit und Geld, denn auch Kopien, die Präsentationsmappe und das Porto kosten einiges. Deshalb haben sie zumindest eine freundliche Absage verdient.

☞ **Merke:** Eine Absage sollte auf keinen Fall als persönliches Versagen empfunden werden. Freundliche Worte mindern die Enttäuschung.

Nehmen wir zuerst einmal ein schlechtes Beispiel unter die Lupe. So erhalten Sie einen Überblick, auf welche Floskeln Sie in Zukunft verzichten sollten.

👎 Negativbeispiel:

Sehr geehrte Frau Meier,

wir (1) danken für Ihre Bewerbung und das Interesse an einer **Mitarbeit (2)** in unserem Unternehmen.

Inzwischen haben wir unsere Entscheidung **bezüglich (3)** der Neubesetzung der Position, **für die Sie sich beworben haben (4)**, **getroffen (5)**. Leider **müssen (6)** wir Ihnen **mitteilen (7)**, dass unsere Wahl nicht auf Sie fiel, **was jedoch in keiner Weise eine negative Wertung Ihrer Person bedeutet (8)**. Grund der Entscheidung war **letztlich (9)**, dass unser **spezifisches (10)** Anforderungsprofil durch einen anderen Bewerber **weitgehender abgedeckt wurde (11)**.

Wir bedauern (12), Ihnen keine günstigere Nachricht zukommen zu lassen **(13)** und wünschen Ihnen, dass Sie eine **entsprechende** Position finden werden **(14)**. Die uns **freundlicherweise (15)** überlassenen Unterlagen senden wir Ihnen **beiliegend (16)** zu **unserer Entlastung (17)** zurück.

Mit freundlichen Grüßen

Analyse

(1) Ein Brief sollte nicht mit „wir" beginnen.
(2) Umständliche Formulierung.
(3) Amtsdeutsch
(4) Umständliche Formulierung ohne Informationswert. Die Bewerberin weiß, dass sie sich beworben hat.
(5) Der ganze Satz ist überflüssig.
(6) Negativformulierung, die ein schlechtes Briefklima erzeugt.
(7) Vorreiter
(8) Wenn das so betont wird, dann fühlt man sich erst recht negativ bewertet.
(9) Füllwort
(10) Auf dieses Fremdwort können Sie verzichten.
(11) Zwischen den Zeilen steht: „Ihre Qualifikation war nicht gut genug!"
(12) Schon der zweite Absatz, der negativ eingeleitet wird! So können Sie sicherstellen, dass das Briefklima nicht besser wird.
(13) Die Bewerberin fühlt sich sicher nicht besser, wenn wir dauernd darauf herumhacken!
(14) Zwischen den Zeilen steht: „für Ihre Qualifikation passende!"
(15) Füllwort!
(16) Grammatisch missverständlich! Beiliegend bezieht sich auf „wir". Die Bewerberin könnte verstehen, dass wir beiliegen.
(17) ... weil Ihre Bewerbung uns so belastet hat?

Checkliste für Absagen an Bewerber

1. Schritt: **Bedanken Sie sich für die Bewerbung**

Wenn Sie eine gute Bewerbung erhalten haben, dann wertschätzen Sie bitte die Arbeit, die sich der Bewerber gemacht hat.

*Vielen Dank für Ihre **ansprechende** Bewerbung.*
*Vielen Dank für Ihre **ausführlichen** Unterlagen.*
Vielen Dank für Ihr Interesse an der Position X.

2. Schritt: **Lobende Worte über die Qualifikation**

Die Absage klingt nicht so hart, wenn Sie zunächst erwähnen, was Ihnen besonders gut gefallen hat. Dieses Lob kann natürlich nur gegeben werden, wenn es angebracht ist.

Sie haben eine hervorragende Qualifikation. Besonders beeindruckt waren wir von Ihren guten Fremdsprachenkennntissen.

Sie haben eine hervorragende Ausbildung und bringen die wesentlichen Voraussetzungen für ... mit.

3. Schritt: **Begründen Sie Ihre Absage**

Für den Bewerber ist diese Information sehr wichtig, da er sich so in Zukunft gezielter bewerben kann. Wenn Sie Ihre Absage begründen, dann ersparen Sie sich auch Anrufe des Bewerbers.

Ausschlaggebend für uns war jedoch ...

Besonders wichtig für uns ist jedoch ...

Entscheidend für uns war ...

Bitte achten Sie darauf, dass Sie mit Ihrer Begründung nicht gegen das seit August 2005 geltende Antidiskriminierungsgesetz verstoßen. Halten Sie Ihre Begründung sehr allgemein.

4. Schritt: **Absage und Bitte um Verständnis**

Bitte haben Sie Verständnis, dass wir Ihnen deshalb nicht zusagen können.

Bitte haben Sie Verständnis, dass wir uns deshalb für einen Mitbewerber entschieden haben.

5. Schritt: **Gute Wünsche für den weiteren Berufsweg**

Absagen an Bewerber – Mustertexte

Absagen auf eine unaufgeforderte Bewerbung

Beispiel 1:

Ihre Bewerbung als ... vom ...

Sehr geehrter Herr Muster,

vielen Dank für Ihre detaillierten Bewerbungsunterlagen.

Ihre Projektarbeit im Bereich der Klima- und Kältetechnik hat uns sehr beeindruckt. Jedoch haben wir für das Jahr ... keine Praktikantenplätze vorgesehen. Bitte haben Sie deshalb Verständnis, dass wir Ihnen nicht zusagen können.

Wir sind sicher, dass Sie schon sehr bald die gewünschte Praktikantenstelle finden.

Viel Erfolg!

Freundliche Grüße

Beispiel 2:

Ihre Bewerbung vom ...

Sehr geehrter Herr Muster,

vielen Dank für Ihre aussagekräftige Bewerbung.

So sehr uns Ihre Qualifikationen und Ihre Berufserfahrung überzeugen – wir haben keine Position frei, die wir Ihnen anbieten können.

Bewerber mit Ihren Fähigkeiten sind sehr gesucht. Wir sind deshalb überzeugt, dass Sie schon sehr bald bei einem anderen Unternehmen Erfolg haben.

Wir wünschen Ihnen alles Gute.

Freundliche Grüße

Beispiel 3:

Ihre Bewerbung als Führungskraft

Sehr geehrte Frau Muster,

vielen Dank für Ihr Interesse an einer Führungsposition in unserem Unternehmen.

Eine Bewerbung wie die Ihre erhalten wir nicht jeden Tag. Ihre hervorragende Ausbildung, Ihre guten Zeugnisse sowie Ihre langjährige Berufs- und Führungserfahrung überzeugen uns sehr. Sie bringen die wesentlichen Voraussetzungen für eine leitende Aufgabe mit.

Schade, dass wir Ihnen momentan keine Position anbieten können, die zu Ihnen passt. Wenn Sie einverstanden sind, behalten wir Ihre Unterlagen bei uns. Sobald sich eine Möglichkeit ergibt, setzen wir uns gern mit Ihnen in Verbindung.

Freundliche Grüße

Absagen bei zu hohem Gehaltswunsch

Beispiel 1:

Ihre Bewerbung vom ...

Sehr geehrte Frau Muster,

vielen Dank für Ihre ansprechende Bewerbung.

Sie haben hervorragende Referenzen. Besonders beeindruckt haben uns Ihr mehrjähriger Auslandsaufenthalt sowie Ihre sehr guten Fremdsprachenkenntnisse.

Ausschlaggebend für unsere Entscheidung war jedoch Ihr Gehaltswunsch. Bitte haben Sie Verständnis, dass wir Ihnen deshalb nicht zusagen können.

Wir wünschen Ihnen, dass Sie schon sehr bald die Position finden, in der Sie Ihre ausgezeichneten Qualifikationen einsetzen können.

Viel Erfolg!

Freundliche Grüße nach Hamburg

Beispiel 2:

Ihre Bewerbung als Verkaufsleiterin

Sehr geehrte Frau Muster,

vielen Dank für Ihre aussagekräftigen und sorgfältig zusammengestellten Unterlagen.

Ihre fundierte Ausbildung und Ihre langjährige Berufserfahrung als Verkaufsleiterin haben uns sehr beeindruckt. Trotz Ihrer hervorragenden Qualifikation haben wir uns für eine Mitbewerberin entschieden. Ausschlaggebend hierfür waren Ihre Gehaltswünsche. Bitte haben Sie Verständnis.

Wir wünschen Ihnen, dass Sie eine Position finden, in der Sie auch Ihre finanziellen Vorstellungen verwirklichen können. Viel Erfolg!

Freundliche Grüße nach Hamburg

Absage wegen mangelnder Branchenkenntnis

Beispiel 1:

Ihre Bewerbung als ...

Sehr geehrter Herr Muster,

vielen Dank für Ihre sorgfältig zusammengestellten Unterlagen.

Ihre hervorragenden Fremdsprachenkenntnisse und Ihre langjährige Auslandserfahrung haben uns sehr beeindruckt. Maßgeblich für diese Position ist jedoch ein fundiertes Wissen im Versicherungswesen. Bitte haben Sie deshalb Verständnis, dass wir Ihnen deshalb nicht zusagen können.

Wir sind sicher, dass Sie schon sehr bald eine interessante Aufgabe finden, in der Sie Ihre gute Qualifikation einsetzen können. Viel Erfolg!

Freundliche Grüße

Beispiel 2:

Ihre Bewerbung als ...

Sehr geehrte Frau Muster,

vielen Dank für Ihre aussagekräftigen/ansprechenden Unterlagen.

Ihre Qualifikation hat uns sehr beeindruckt. Wir haben sehr viele Zuschriften auf unsere Anzeige erhalten. Bitte haben Sie Verständnis, dass wir uns in diesem Fall für eine Mitbewerberin entschieden haben.

Wir sind sicher/überzeugt, dass Sie schon sehr bald die Position finden, die Ihren Vorstellungen entspricht. Viel Erfolg!

Freundliche Grüße

Absage nach Vorstellungsgespräch

Beispiel:

Sehr geehrte Frau Muster,

herzlichen Dank für Ihren Besuch und das angenehme Gespräch in unserem Hause.

Es fiel uns nicht leicht, uns zwischen Ihnen und einer Mitbewerberin mit fast gleichwertiger Qualifikation zu entscheiden. Es sprach sehr viel für Sie, besonders der positive Eindruck während des Gesprächs.

Ausschlaggebend für unsere Entscheidung war jedoch die langjährige Branchenkenntnis der anderen Bewerberin. Bitte haben Sie Verständnis, dass wir Ihnen deshalb nicht zusagen können.

Wir sind überzeugt, dass Sie mit Ihrer hervorragenden Qualifikation schon sehr bald die Position finden, die Ihren Vorstellungen entspricht. Viel Erfolg!

Freundliche Grüße nach Musterhausen

Bitte beachten Sie, dass diese Beispiele nicht rechtlich geprüft sind. Seit August 2006 gibt es ein Antidiskriminierungsgesetz. Bevor Sie Ihre neuen Textbausteine generell einführen, lassen Sie diese bitte durch Ihre Rechtsabteilung prüfen.

Absagen an Lieferanten

Früher behandelte man Lieferanten schlechter als Kunden. Heute hat man erkannt, dass auch unsere Lieferanten entscheidend zu unserem Unternehmenserfolg beitragen. Nur wenn wir uns auf die pünktliche und qualitativ hochwertige Lieferung verlassen können, ist es uns möglich, unsere eigene Qualität zu sichern.

Auch Lieferanten tragen Erfahrungen, die sie mit uns gemacht haben, weiter und tragen so zu unserem Unternehmensimage entscheidend bei.

Sehen wir uns auch in diesem Bereich erst ein Negativbeispiel aus der Praxis an, um zu klären, wie Sie auf keinen Fall absagen sollten.

> 👎 **Negativbeispiel:**
>
> **Ihr Angebot vom ... über ...**
>
> Sehr geehrte Frau Muster,
>
> wir beziehen uns (1) auf Ihr Angebot vom ...
>
> Zu unserem großen Bedauern müssen wir Ihnen mitteilen (2), dass wir uns für einen anderen Lieferanten entschieden haben (3).
>
> Es tut uns leid, das wir Ihnen keinen positiveren Bescheid geben können und verbleiben (4)
>
> mit freundlichen Grüßen

Analyse

(1) Wiederholen Sie nicht im ersten Satz Ihres Briefes den Betreff! Wäre es außerdem nicht netter gewesen sich zu bedanken, statt sich zu beziehen. Immerhin hat der Lieferant sich Mühe gegeben, uns ein gutes Angebot zu unterbreiten. Wertschätzen Sie diese Mühe!
(2) Teilen Sie dem Lieferanten nicht mit, dass Sie ihm nun etwas mitteilen werden. Verzichten Sie auf negativ formulierte, überflüssige Satzeinleitungen.
(3) Die Begründung fehlt! Nur wenn Sie dem Lieferanten den Grund der Ablehnung angeben, dann kann er diesen bei seinem nächsten Angebot berücksichtigen.
(4) Ende positiv! Das gilt selbstverständlich auch für Absagen. Halten Sie sich eine Tür offen, vielleicht brauchen Sie den Lieferanten ein andermal.

Checkliste für Absagen an Lieferanten

1. Schritt: **Dank und Lob**

    Bedanken Sie sich für das Angebot, und sagen Sie etwas Nettes:

    Vielen Dank für Ihr interessantes Angebot.
    Vielen Dank für Ihre schnelle Reaktion auf unsere Anfrage.
    Vielen Dank für Ihr detailliertes Angebot.

2. Schritt: **Begründung**

    Begründen Sie Ihre Absage. Nur so hat der Lieferant eine Chance bei der nächsten Auftragsvergabe:

    Wir haben unsere Anfrage an mehrere Anbieter gerichtet. Ausschlaggebend für unsere Entscheidung war in diesem Fall der Preis/ der Liefertermin/die Qualität usw.

3. Schritt: **Absage und Bitte um Verständnis**

    Nutzen Sie die Redewendung „Bitte haben Sie Verständnis, ..." So können Sie das leidige „leider" vermeiden.

    Bitte haben Sie deshalb Verständnis, dass ...

4. Schritt: **Tür offen halten**

    Absagen sollten nicht endgültig sein. Zugeschlagene Türen lassen sich oft nur sehr schwer wieder öffnen. Machen Sie deshalb Ihrem Lieferanten Mut, auch in Zukunft wieder Angebote zu schicken:

    Sobald wir weiteren Bedarf haben, setzen wir uns gern wieder mit Ihnen in Verbindung.

Absagen an Lieferanten – Mustertexte

Beispiel 1: Preis war zu hoch

Ihr Angebot Nr. 123 vom ...

Sehr geehrter Herr Muster,

vielen Dank für Ihre schnelle Reaktion auf unsere Anfrage.

Die Kompetenz Ihres Unternehmens im Bereich Stahlbau hat uns sehr beeindruckt. Ausschlaggebend für unsere Entscheidung war jedoch der Preis. Bitte haben Sie Verständnis, dass wir uns deshalb für einen Mitbewerber entschieden haben.

Sobald wir weiteren Bedarf haben, setzen wir uns gern wieder mit Ihnen in Verbindung.

Freundliche Grüße

Beispiel 2: Preis-Leistungsverhältnis war gut, der Lieferant ist jedoch nicht nach ISO 9001 zertifiziert

Ihr Angebot Nr. 123 vom ...

Sehr geehrter Herr Muster,

vielen Dank für Ihr interessantes Angebot.

Das Preis-Leistungsverhältnis Ihrer Produkte hat uns sehr beeindruckt. Es ist uns jedoch sehr wichtig, dass alle unsere Lieferanten nach ISO 9001 zertifiziert ist. Bitte haben Sie Verständnis, dass wir Ihnen deshalb nicht zusagen können.

Lassen Sie uns wissen, wenn Sie zertifiziert sind. Dann steht einer Geschäftsbeziehung nichts mehr im Wege.

Freundliche Grüße

Einladungen stilvoll absagen

Oft flattern Einladungen zu Veranstaltungen, Vernissagen, Messen etc. ins Haus, und Sie können beim besten Willen nicht überall teilnehmen. Schon manch eine Sekretärin seufzte: „Wie sage ich nett und freundlich ab, so dass mein Korrespondenzpartner nicht beleidigt ist?"

Checkliste Einladungen absagen

1. Schritt: **Dank und Freude**

Bedanken Sie sich für die Einladung, und freuen Sie sich.

Vielen Dank für Ihre nette Einladung, über die ich mich sehr gefreut habe.

Über Ihre Einladung zu ... habe ich mich sehr gefreut. Vielen Dank!

2. Schritt: **„Gerne ..., jedoch ..." und Begründung**

Wenn möglich, geben Sie eine konkrete Begründung, weshalb Sie die Einladung nicht annehmen können.

Gerne hätte ich persönlich mit Ihnen auf ... angestoßen. Jedoch befinde ich mich zu dieser Zeit auf einer Geschäftsreise in den USA.

Gerne hätte ich Ihnen persönlich gratuliert, jedoch verbringe ich zu dieser Zeit meinen Urlaub mit meiner Familie in Spanien.

3. Schritt: **Absage und Bitte um Verständnis**

Nutzen Sie die Redewendung „Bitte haben Sie Verständnis, ..." So können Sie das leidige „leider" vermeiden.

Bitte haben Sie deshalb Verständnis, dass ich diesmal nicht zusagen kann.

4. Schritt: **Gute Wünsche für das Fest/die Veranstaltung**

Ich wünsche Ihnen und Ihren Gästen ein gelungenes Fest.

Ich bin sicher, dass der Kongress auch dieses Jahr wieder ein voller Erfolg sein wird!

Einladungen absagen – Mustertexte

Beispiel 1: Einladung zum Forum XY

Ihre Einladung zum Forum XY

Sehr geehrter Herr Muster,

vielen Dank für Ihre Anfrage, über die ich mich sehr gefreut habe.

Mit dieser Veranstaltung bieten Sie eine hervorragende Möglichkeit zum konstruktiven Gedankenaustausch.

Es wäre eine besondere Herausforderung für mich, über ... zu referieren. Jedoch befinde ich mich zu dieser Zeit auf einer Geschäftsreise in Brüssel. Bitte haben Sie deshalb Verständnis, dass ich diesen Vortrag nicht halten kann. Wenn Sie im Herbst ein weiteres Forum planen, können Sie mich gern wieder ansprechen.

Ich bin sicher, dass Ihre Veranstaltung auch dieses Jahr wieder ein voller Erfolg wird. Ihnen und den Teilnehmern wünsche ich informative Stunden und einen interessanten Tag.

Freundliche Grüße

Beispiel 2: Fachtagung Qualitätsmanagement

14. Fachtagung für Qualitätsmanagement in Dortmund

Sehr geehrter Herr Dr. Muster,

es ehrt mich sehr, dass Sie mich als Redner für Ihre Tagung gewinnen möchten.

Seit Jahren veranstalten Sie die renommiertesten Fachtagungen im Bereich Qualitätsmanagement. Deshalb wäre es für mich ein besonderes Vergnügen gewesen, am ... zu referieren.

Im Zeitraum von ... bis ... befinde ich mich jedoch auf einer Vortragsreise in Süddeutschland. Bitte haben Sie deshalb Verständnis, dass ich diesmal nicht zusagen kann.

Ich freue mich sehr, wenn Sie sich wieder mit mir in Verbindung setzen, sobald Sie eine weitere Tagung planen. Wenn es sich einrichten lässt, werde ich dann gerne mitwirken.

Für die bevorstehende Tagung wünsche ich gutes Gelingen und viel Erfolg.

Freundliche Grüße aus Köln

Beispiel 3: XY-Kongress in Heidelberg am ...

Sehr geehrter Herr Muster,

vielen Dank für Ihre Einladung.

Es wäre eine besondere Ehre/Herausforderung für mich gewesen, über dieses hochinteressante Thema zu referieren. Ihre Veranstaltung ist international gefragt und immer eine fachliche Bereicherung.

Zu dem genannten Termin befinde ich mich jedoch auf einer Geschäftsreise in den USA, die ich nicht mehr verschieben kann. Bitte haben Sie Verständnis.

Herr Professor Dr. Belz von der Universität Karlsruhe hat ebenfalls sehr hohe Kompetenzen auf diesem Gebiet/ist ebenfalls Spezialist auf diesem Gebiet. Er ist gerne bereit, an meiner Stelle zu referieren und würde sich über Ihre Einladung sehr freuen.

Ihnen und den Teilnehmern wünsche ich einen informativen Tag.

Freundliche Grüße

Beispiel 4: Veranstaltung im Rathausforum am ...

Sehr geehrter Herr Muster,

vielen Dank für Ihre Einladung. Gern hätte ich über dieses aktuelle Thema referiert.

Am ... findet jedoch unsere Aufsichtsratssitzung statt. Bitte haben Sie Verständnis, dass ich deshalb nicht zusagen kann.

Ihnen und allen Teilnehmern des Forums wünsche ich interessante Stunden und einen konstruktiven Erfahrungsaustausch.

Freundliche Grüße aus Wiesbaden

Beispiel 5: Einladung zum 25-jährigen Betriebsjubiläum

Herzlichen Glückwunsch zum 25-jährigen Jubiläum!

Sehr geehrter Herr Muster,

danke für Ihre Einladung, über die ich mich sehr gefreut habe.

Mit viel Engagement unterstützen und beraten Sie unser Unternehmen seit mehreren Jahren. Gemeinsam haben wir erfolgreiche Projekte in Europa und Asien realisiert.

Gerne hätte ich Ihnen meine Glückwünsche persönlich überbracht und mit Ihnen auf diesen besonderen Anlass angestoßen. Zu diesem Zeitpunkt findet jedoch in unserem Hause die Hauptversammlung der Aktionäre statt, bei der meine Anwesenheit absolut erforderlich ist. Bitte haben Sie Verständnis.

Ich wünsche Ihnen, dass Ihr unternehmerischer Erfolg Sie auch weiterhin begleitet und freue mich auf die nächsten Jahre unserer konstruktiven Zusammenarbeit.

Mit den besten Wünschen

Beispiel 6: Einladung zum 20-jährigen Betriebsjubiläum
Ein Anlass, der gebührend gefeiert werden muss!!!

Lieber Peter,

vielen Dank für die nette Einladung. Zu deinem 20-jährigen Firmenjubiläum gratuliere ich dir herzlich.

Du hast immer deine ganze Kraft, deine Zeit und deine hervorragenden Fachkenntnisse für das Unternehmen eingesetzt und kannst mit Recht stolz auf deinen großen Erfolg sein. Ich denke oft an unsere konstruktive Zusammenarbeit in den vergangenen Jahren zurück.

Gerne hätte ich gemeinsam mit dir und deinen Gästen auf dieses Ereignis angestoßen. An diesem Tag besucht mich jedoch ein Kunde, dessen Auftrag sehr wichtig für uns ist. Bitte habe Verständnis, dass ich deshalb an deiner Jubiläumsfeier nicht teilnehmen kann. Ich komme gern einige Tage nach der Feier bei dir vorbei, damit wir auf die nächsten 20 Jahre anstoßen können.

Dir und deinen Gästen wünsche ich ein unvergessliches Fest.

Freundliche Grüße

Beispiel 7: Absage Geburtstagsfeier eines Geschäftsfreundes (1)
Alles Gute zu Ihrem 60. Geburtstag!

Sehr geehrter Herr Müller,

vielen Dank für Ihre Einladung, über die ich mich sehr gefreut habe.

Gerne hätte ich Ihnen meine Glückwünsche persönlich überbracht. Ich befinde mich jedoch zu dieser Zeit auf einer Geschäftsreise im Ausland, die ich nicht mehr verschieben kann. Bitte haben Sie Verständnis..

Ich weiß, dass Sie ein begeisterter Golfspieler sind. Deshalb haben Sie sicher viel Freude an der Golftasche, die ich für Sie ausgesucht habe. Ich freue mich darauf, bei unserem nächsten Treffen im Juni mit Ihnen auf Ihren Geburtstag anzustoßen.

Ihnen und Ihren Gästen wünsche ich ein gelungenes Fest.

Ihr

Beispiel 8: Absage Geburtstagsfeier eines Geschäftsfreundes (2)

Sehr geehrter Herr Müllermann,

vielen Dank für Ihre freundliche Einladung, über die ich mich sehr gefreut habe.

Mit Ihrem 60. Geburtstag beginnt für Sie ein neues Lebensjahrzehnt. Für diesen neuen Lebensabschnitt wünsche ich Ihnen von Herzen auch weiterhin beruflichen und privaten Erfolg sowie Gesundheit.

Gern hätte ich Ihnen meine Glückwünsche persönlich überbracht. Da aber zum gleichen Zeitpunkt eine Tagung in unserem Hause stattfindet, kann ich leider nicht teilnehmen. Bitte haben Sie Verständnis.

Ich bin sicher, dass der Empfang zu diesem besonderen Anlass ein voller Erfolg wird und wünsche Ihnen und Ihren Gästen schon heute einen gelungenen Abend.

Mit freundlichem Gruß

Beispiel 9: Absage Einladung zu einer Produktpräsentation

Produktpräsentation am ...

Sehr geehrter Herr Muster,

vielen Dank für Ihre Einladung.

Das Programm hat mich sehr angesprochen, deshalb wäre ich sehr gerne gekommen. Jedoch befinde ich mich an diesem Tag auf einer Geschäftsreise, die ich nicht mehr verschieben kann.

Wenn Sie mich zu einer Ihrer nächsten Präsentationen einladen, freue ich mich sehr.

Freundliche Grüße

Spendenanfragen höflich absagen

Beispiel 1: Absage an das Müttergenesungswerk

Ihre Spendenanfrage vom ...

Sehr geehrte Damen und Herren,

vielen Dank für Ihren Brief.

Ihr Engagement bewundern wir sehr. Ihre Arbeit ist sehr wichtig und verantwortungsvoll, da Sie den Müttern ermöglichen, sich von Stress und Haushalt zu erholen und neue Energie zu tanken.

Sie können sich jedoch sicher vorstellen, dass wir zahlreiche Spendenwünsche erhalten. Deshalb hat unsere Geschäftsleitung dieses Jahr entschieden, den örtlichen Kindergarten zu unterstützen. Bitte haben Sie Verständnis.

Für Ihre Aktion und Ihre weiteren Projekte wünschen wir Ihnen viel Erfolg.

Freundliche Grüße

Beispiel 2: Absage an die Aidshilfe

Ihre Spendenanfrage vom ...

Sehr geehrte Frau Muster,

vielen Dank für Ihren Brief.

Ihr Engagement für die Aidshilfe bewundern wir sehr. Durch Ihre Arbeit gelingt es Ihnen, die Betroffenen und deren Familien zu unterstützen und gezielte Einzelhilfe zu leisten.

Gerne hätten wir Sie bei Ihrem wichtigen Vorhaben unterstützt. Wie Sie sich sicher vorstellen können, erhalten wir sehr viele Anfragen dieser Art. Da wir in diesem Jahr bereits zahlreiche andere soziale Projekte gefördert haben, können wir Ihnen diesmal nicht zusagen. Bitte haben Sie hierfür Verständnis.

Für Ihr wichtiges Vorhaben wünschen wir Ihnen viel Erfolg.

Freundliche Grüße nach Musterhausen

Termine höflich absagen

Beispiel 1: Terminabsage bzw. -änderung

Terminänderung

Sehr geehrter Herr Muster,

vielen Dank für Ihre Zusage zu unserem Meeting am ... Über Ihre Bereitschaft, zum Thema „Projektmanagement" einen Vortrag zu halten, haben wir uns sehr gefreut.

Die betriebliche Umstrukturierung veranlasst uns jedoch dazu, den Termin um vier Wochen zu verschieben. Bitte haben Sie Verständnis.

Gerne rufen wir Sie am ... an, um einen neuen Termin zu vereinbaren.

Freundliche Grüße

Angebote

Durch ein Angebot erklärt sich der Anbieter bereit, Waren oder Dienstleistungen zu bestimmten Bedingungen zu liefern. Sind in dem Angebot die Leistungen bzw. Produkte eindeutig definiert, liegt juristisch gesehen ein Antrag auf Abschluss eines Vertrages vor. Nimmt der Kunde das Angebot an, dann führt dies zu einem verbindlichen Vertragsabschluss.

In der Geschäftskorrespondenz unterscheidet man zwischen unverlangten und verlangten Angeboten.

Ein unverlangtes Angebot ist mehr oder weniger ein Werbebrief ohne Aufforderung des potenziellen Kunden.

In einem **verlangten Angebot** reagieren Sie auf eine konkrete Anfrage eines potenziellen Kunden. Es enthält in der Regel folgende Informationen:

- Name, Art und Beschaffenheit des Produktes
- Mengen
- Preise und Rabatte
- Liefertermin bzw. Lieferzeiten
- Zahlungs- und Lieferbedingungen
- Art und Kosten der Verpackung(en)

Angebote sind im Allgemeinen rechtlich bindend. Diese Bindung können Sie jedoch durch eine Freizeichnungsklausel wie zum Beispiel: „Dieses Angebot ist freibleibend" ausschließen. Sie haben selbstverständlich die Möglichkeit, das Angebot zeitlich durch die Formel: „Dieses Angebot ist gültig bis ..." einzuschränken.

Wenn Sie auf eine konkrete Anfrage kein Angebot abgeben möchten oder können, weil Sie das gewünschte Produkt nicht anbieten oder keine Kapazitäten haben, schreiben Sie dem Kunden, und begründen Sie Ihre Entscheidung. Es ist unhöflich, auf die Anfrage nicht zu reagieren.

Negativbeispiele aus der Praxis:

Beispiel 1:

Angebot Nr. 12345

Sehr geehrte Frau Muster,

gemäß (1) Ihren Wünschen und Anforderungen können wir Ihnen **nachfolgendes (2) Angebot unterbreiten (3)**.

1000 Stück Glühbirnen à ... EUR	... EUR
zuzüglich 19 % Mehrwertsteuer	... EUR
Gesamt	... EUR

Die Lieferzeit **beträgt** 10 Werktage nach Auftragseingang.

Die Lieferung erfolgt frei Haus, Verpackung inklusive. Das Zahlungsziel **beträgt (4)** 30 Tage rein netto.

Dieses Angebot ist gültig bis 30. August 20...

Für eventuelle **Rückfragen (5)** steht Ihnen unser Verkaufsleiter, Herr Max Müller, Telefon ... **jederzeit (6)** gerne zur **Verfügung (7)**.

Über Ihren Auftrag **würden (8)** wir uns natürlich sehr freuen und **verbleiben (9)** bis dahin

Mit freundlichen Grüßen

Analyse

(1) Amtsdeutsch! Es wäre netter gewesen, sich erst einmal für die Anfrage zu bedanken.
(2) überflüssiges Partizip
(3) Streckform
(4) Wortwiederholung
(5) überflüssige Vorsilbe
(6) Wirklich jederzeit? Auch nachts?
(7) Steht er wirklich zur Verfügung?
(8) Der Konjunktiv wirkt unsicher.
(9) Wo verbleiben wir denn?

Der ganze Brief wirkt unübersichtlich und ist schlecht gegliedert. Schreiben Sie Ihr Angebot ruhig in tabellarischer Form, damit der Kunde die wichtigsten Informationen auf einen Blick erfassen kann.

Neue Version:

Angebot Nr. 1234 – 1000 Glühbirnen

Sehr geehrte Frau Muster,

vielen Dank für Ihre Anfrage. Gerne bieten wir Ihnen wie gewünscht an:

1000 Stück Glühbirnen à ... EUR	... EUR
zuzüglich 19 % Mehrwertsteuer	... EUR
Gesamt	... EUR

Lieferzeit:	10 Werktage nach Auftragseingang
Lieferbedingungen:	frei Haus, Verpackung inklusive
Zahlungsziel:	30 Tage netto

Dieses Angebot ist gültig bis 30. August 20...

Wenn Sie weitere Informationen brauchen, rufen Sie uns bitte an. Unser Außendienstmitarbeiter, Herr Max Müller, berät Sie gern. Sie erreichen ihn unter der Telefonnummer ...

Wir freuen uns auf Ihren Auftrag.

Freundliche Grüße nach Musterhausen

XY GmbH

Peter Schmitt
Verkaufsleiter

Angebote 137

👎 **Beispiel 2:**

Angebot Nr. 1234

Sehr geehrte Damen und Herren **(1)**,

zunächst noch einmal (2) herzlichen Dank für das informative Gespräch **zwischen Ihrem sehr geehrten Herrn Muster (3)** und unserem Außendienstmitarbeiter Herrn Beispiel am 13. August 20.. **in Ihrem Hause (4)**.

Gemäß Ihren Spezifikationen (5) unterbreiten wir Ihnen gerne folgendes Angebot:

1 Stück CNC-Maschine   EUR ...

Zubehör: ...
Zahlungsziel: 1/3 bei Auftragserteilung
                1/3 bei Abnahme in unserem Werk
                1/3 nach Inbetriebnahme in Ihrem Werk
Liefertermin: Kalenderwoche 43/20.. bei Auftragserteilung bis ...

Der genannte (6) Preis versteht sich ab Werk zuzüglich der gesetzlichen Mehrwertsteuer von ... %.

Dieses Angebot ist gültig bis ... Es gelten **ferner (7)** unsere allgemeinen Geschäftsbedingungen, die Sie **beiliegend (8)** erhalten.

Wir **würden** uns über Ihre **Auftragserteilung (9)** sehr freuen und sichern Ihnen eine **unproblematische (10)** Abwicklung Ihres Auftrags zu.

Freundliche Grüße

Analyse

(1) Nach einem Gespräch weiß man, wer der Ansprechpartner ist, und spricht diesen direkt an.
(2) zunächst noch einmal???
(3) Amtsdeutsch
(4) überflüssig
(5) Amtsdeutsch
(6) überflüssiges Partizip
(7) überflüssig
(8) missverständliches Partizip
(9) klingt unsicher
(10) Na ja, wenn ich das ausdrücklich erwähnen muss, dann scheint es ja normalerweise Probleme zu geben.

👍 **Neue Version**

Angebot Nr. 1234 – CNC Maschine nach Ihren Spezifikationen

Sehr geehrter Herr Einkauf,

vielen Dank für das angenehme Gespräch. Wie vereinbart erhalten Sie unser Angebot über die von Ihnen gewünschte CNC-Maschine.

Preis:	... EUR zuzüglich gesetzliche Mehrwertsteuer von 16 %
Zubehör:	...
Zahlungsziel:	1/3 bei Auftragserteilung
	1/3 bei Abnahme in unserem Werk
	1/3 nach Inbetriebnahme in Ihrem Werk
Liefertermin:	Kalenderwoche 43/20.. bei Auftragserteilung bis ...
Lieferbedingungen:	ab Werk

Dieses Angebot ist gültig bis 30. August 20... Es gelten unsere allgemeinen Geschäftsbedingungen.

Wenn Sie weitere Informationen brauchen, rufen Sie uns bitte an. Wir beraten Sie gern.

Auf Ihren Auftrag freuen wir uns.

Freundliche Grüße nach Musterhausen

Muster GmbH

Peter Muster
Verkaufsleiter

Anlage
allgemeine Geschäftsbedingungen

Beschwerden

Wo gehobelt wird, fallen Späne! So kommt es ab und zu auch vor, dass wir mit einer Lieferung oder Leistung nicht 100%ig zufrieden sind und deshalb reklamieren müssen. Auch bei dieser unangenehmen Art von Korrespondenz ist es möglich positiv zu formulieren und höflich um Regelung zu bitten. Belasten Sie diese Briefe nicht zusätzlich durch Amtsdeutsch und Negativformulierungen.

Negativbeispiel aus der Praxis:

👎 **Beispiel:**

Unsere Bestellung Nr. 123 vom ... – Lieferverzug (1)

Sehr geehrte Damen und Herren,

wir beziehen uns auf o. g. Bestellung und müssen Ihnen leider mitteilen (2), dass die Ware mit einer Woche **Verspätung (3)** bei uns eingetroffen ist.

Wir (4) haben in unserer Bestellung **ausdrücklich darauf hingewiesen (5)**, dass eine pünktliche Lieferung absolut notwendig ist, **da** auch unser Kunde uns einen sehr knappen Termin gesetzt hat. **Da (6)** wir uns nun mit einer Konventionalstrafe konfrontiert sehen (6), werden wir Ihnen den Betrag von ... **in Rechnung stellen (7)**.

Ihren weiteren Nachrichten sehen wir mit Interesse entgegen (8).

Mit freundlichen Grüßen

Analyse:

(1) Beginne positiv! Vermeide Negativwörter, wie zum Beispiel „Lieferverzug" im Betreff.
(2) Ein Brief sollte nicht mit „wir" oder „ich" beginnen.
(3) Schon wieder ein Negativwort!
(4) Auch der erste Absatz begann mit „wir".
(5) Auf solche schulmeisterhaften, strengen Ausdrücke können Sie verzichten.
(6) Ausdruckswiederholung: Auch der vorausgehende Satz enthielt ein „da".
(7) Verben wirken natürlicher.
(8) Uralte, verstaubte Amtsdeutschfloskel.

👍 **Neue Version**

Unsere Bestellung Nr. 123 vom ...

Sehr geehrter Herr Muster,

die Büromöbel sind am ... bei uns eingetroffen. Die Qualität Ihrer Produkte hat uns wie immer überzeugt.

In unserem Auftrag haben wir deutlich gemacht, dass die pünktliche Lieferung in diesem Fall sehr wichtig ist. In der Bestätigung versicherten Sie uns, dass Sie den Termin zuverlässig einhalten werden. Wir verstehen deshalb nicht, weshalb die Möbel uns nicht rechtzeitig erreicht haben. Unser Kunde hat uns eine Konventionalstrafe von ... EUR berechnet. Bitte haben Sie Verständnis, dass wir diesen Betrag von Ihrer Rechnung abziehen..

Freundliche Grüße aus Musterhausen

Machen Sie dem Lieferanten höflich klar, was konkret nicht in Ordnung war, und teilen Sie ihm unmissverständlich, aber freundlich mit, was Sie von ihm erwarten. Bevor Sie schreiben, überlegen Sie sich bitte ganz genau, wie Sie sich die Schadensregulierung vorstellen. Wenn Sie dem Lieferanten ganz genau sagen, was Sie wollen, dann hat er auch die Möglichkeit darauf einzugehen oder Ihnen konkrete Alternativvorschläge zu machen.

Auch hier gilt das Motto: „Sag was du willst, und du bekommst zumindest manchmal was du willst!"

Checkliste

1. Schritt: **Positiver Einstieg**

Auch eine Beschwerde sollte nicht mit Worten wie z. B.: „Leider müssen wir Ihnen mitteilen, dass ..." beginnen. Sie haben zwei Möglichkeiten, in den Beschwerdebrief einzusteigen:

Tatsache
Ihre Lieferung ist am ... pünktlich bei uns eingetroffen. Vielen Dank.

Hinweis auf gute Zusammenarbeit in der Vergangenheit
Seit mehreren Jahren haben wir immer erfolgreich zusammengearbeitet.

2. Schritt: **Geben Sie den Reklamationsgrund an.**

Erklären Sie dem Geschäftspartner, weshalb Sie mit der Lieferung oder Leistung nicht zufrieden sind.

3. Schritt: **Bitten Sie den Geschäftspartner, die Sache aus der Welt zu schaffen.**

Definieren Sie genau, **wie** und **bis wann** der Mangel behoben werden soll.

Bitte ersetzen Sie die defekten Lichtschalter bis ...

Bitte prüfen Sie, weshalb die Ware nicht pünktlich bei uns eingetroffen ist. Da uns durch die Verzögerung ein beträchtlicher Schaden entstanden ist, halten wir einen Preisnachlass von 5 % für gerechtfertigt.

4. Schritt: **Schlusssatz**

Schließen Sie Ihren Brief mit einem klaren Appell an den Kunden.

Wir freuen uns darauf, von Ihnen zu hören.

Sind Sie mit dieser Lösung einverstanden? Bitte informieren Sie uns bis ...

Bitte teilen Sie uns bis ... mit, ob Sie mit unserem Vorschlag einverstanden sind.

Beschwerden und Reklamationen – Musterbriefe

Beispiel 1: Beschwerde bei einer Reinigungsfirma

Unsere Mitarbeiter sollen sich in der Kantine wohl fühlen!

Sehr geehrter Herr Muster,

seit mehreren Jahren reinigt Ihr Team unsere Büroräume, und wir waren immer sehr zufrieden. Vielen Dank!

In unserem Vertrag haben wir vereinbart, dass Sie die Tische in der Kantine jeden Abend reinigen und die Aschenbecher ausleeren. In den letzten drei Wochen ist es jedoch mehrmals vorgekommen, dass die Tische nicht ordentlich gesäubert waren. Woran liegt das?

Bitte sorgen Sie dafür, dass unsere Mitarbeiter in Zukunft wieder blitzblanke Tische vorfinden, wenn sie die Kantine besuchen.

Herzlichen Dank für Ihre Unterstützung!

Beispiel 2: Witzige Reklamation

Der Leidensweg einer Glaskanne*

Sehr geehrte Damen und Herren,

von meiner Besitzerin wurde ich in Verbindung mit einer Cappuccino-Maschine im Sonderangebot gekauft. Seit einem Jahr leiste ich gute Dienste, und der Cappuccino wurde von allen begeistert getrunken.

Plötzlich hatte ich erhebliche Beschwerden im Innenbereich. Durch die unterschiedlichen Temperaturschwankungen, denen ich nun mal ausgesetzt bin, begann ich plötzlich zu platzen. Meine Hülle ist nun kein Schutz mehr für den Cappuccino.

Schweren Herzens musste meine Besitzerin sich von mir trennen. Obwohl sie versprochen hatte, meine Lebensdauer zu verlängern, ging sie heute zum Kundendienst, um mich zu ersetzen.

Völlig aufgelöst kam sie mit einer neuen Kanne zurück. Sie erzählte mir, dass meine Nachfolgerin zwar besser aussieht und keinen Sprung hat, aber dass sie dafür einen Preis von 16 € bezahlt hat, der aber maßlos überzogen ist.

Stellen Sie sich einmal vor, Sie zahlen für eine neue Maschine nur ca. 22 €, und ich als Kanne bin fast so teuer wie die komplette Maschine. Da kann doch was nicht stimmen – oder?

Vielleicht überdenken Sie einmal Ihre Preispolitik und schreiben mir, bevor mich meine Besitzerin „entsorgt", die neue Kanne zum Einsatz kommt oder auch wieder zurückgegeben wird.

Ich würde mich riesig freuen!

Grüße aus Musterstadt

Eine traurige Kanne

* Autor des Briefes: Thomas Zeiger, Obertshausen.

Beispiel 3: Reklamation wegen schlechter Qualität

Sehr geehrte Damen und Herren,

am 4. April entdeckte ich in Ihrer XY-Boutique einen Pullover, der genau zu einer meiner Hosen passte. Glücklich trug ich meine neue Errungenschaft nach Hause, um sie vor dem ersten Tragen zu waschen. Dabei hielt ich mich genau an Ihre Anweisung:

30 °C,
Schonwäsche.

Aber, oh weh! Schon als ich meinen brandneuen Pullover aus der Maschine holte, stellte ich fest, dass er sich in alle Richtungen verzogen hatte und auch etwas kürzer geworden war.

Enttäuscht machte ich mich auf den Weg zu Ihrem Laden und zeigte das gute Stück einer Verkäuferin. Ihre erste Reaktion war: „Na, den haben Sie bestimmt falsch gewaschen."

Als ich darauf versicherte, mich genau an die auf dem weißen Zettelchen aufgedruckten Angaben gehalten zu haben, sah sie mich zweifelnd an und meinte: „Das kann überhaupt nicht sein."

Sagen Sie selbst: Ist das guter Service? Muss ich mir so etwas gefallen lassen? Ist es zu viel verlangt, wenn ich Verständnis für meinen Ärger und meine Enttäuschung erwarte?

Sie brauchen sich nicht mehr mit meinem Pullover befassen. Ich habe inzwischen dem Hersteller geschrieben, und er hat mir Ersatz geschickt, denn es handelte sich tatsächlich um einen Materialfehler.

Bitte überdenken Sie Ihren Service, denn nur zufriedene Kunden sichern Ihre geschäftliche Zukunft.

Trotz allem freundliche Grüße

Beispiel 4: Beschwerde bei einem Seminarhotel

Es ist uns wichtig, dass sich unsere Seminarteilnehmer wohl fühlen!

Sehr geehrte Frau Muster,

in den vergangenen Jahren haben wir den hervorragenden Service und die Kompetenz Ihres Hauses immer sehr geschätzt. Gerne haben wir für unsere Seminare und Kongresse Ihr Hotel gebucht, weil wir wussten, dass wir uns auf Sie verlassen können.

Unsere Seminarteilnehmer haben Ihr Hotel immer mit „sehr gut" beurteilt. Deshalb waren wir erstaunt, dass es bei unserer Veranstaltung am 14. April mehrere Beanstandungen gab, die wir uns nicht erklären können.

1. Die Qualität und Menge des Mittagessens beurteilten mehrere Teilnehmer mit der Note 5.

2. Die Sauberkeit der Zimmer erhielt in fünf Fällen die Note 4.

> Es ist unser Ziel, dass unsere Teilnehmer zufrieden sind und weitere Seminare bei uns buchen. Bitte teilen Sie uns mit, was Sie unternehmen werden, damit Sie uns in Zukunft wieder den gewohnten, guten Standard garantieren können.
>
> Freundliche Grüße

Professionelle Reklamationsbearbeitung

Beschwerden und Reklamationen kommen vor. Wir müssen sie ertragen und teilen sie auch selbst von Zeit zu Zeit aus.

Grundsätzliches

Der Kunde gibt uns eine Chance zur Verbesserung! Ein Kunde, der reklamiert, möchte, dass sich etwas ändert oder besser wird, aber nicht, dass die Geschäftsbeziehung endet. Ist das nicht ein Grund, sich beim Kunden zu bedanken?

„Es tut uns leid, dass Sie mit ... Ärger hatten. Vielen Dank, dass Sie sich die Mühe gemacht haben, uns den Fehler zu schildern. Nur was wir wissen, können wir ändern."

Checkliste: Das sollten Sie bei der Beantwortung von Reklamationen beachten!

1. Bleiben Sie sachlich. Zeigen Sie dem Kunden, dass Sie seine Beschwerde ernst nehmen. Gehen Sie auf unsachliche Beschuldigungen nicht ein!
2. Zeigen Sie Verständnis für die Situation des Kunden.
3. Wenn der Kunde mehrere Beschwerden hat, gehen Sie auf jede detailliert ein.
4. Verzichten Sie auf belehrende, ironische oder schulmeisterhafte Formulierungen.
5. Sprechen Sie die Sprache des Kunden, vermeiden Sie Fachchinesisch oder Fremdwörter.
6. Wenn sich der Kunde geirrt hat oder ein Missverständnis vorliegt, dann stellen Sie die Situation vorsichtig klar.
7. Versetzen Sie sich in die Situation des Kunden! Überlegen Sie, wie Sie in einem solchen Fall reagieren würden.
8. Prüfen Sie, was wichtiger ist: Recht haben oder den Kunden behalten?

Ein Kunde schrieb einen Reklamationsbrief an seine Bank, der wie folgt lautete:

Beschwerde, defekter Geldautomat

Sehr geehrte Damen und Herren,

heute versuchte ich am Geldautomaten der ... 400 EUR abzuheben.

Nach Eingabe der Geheimnummer und des gewünschten Betrages war das übliche Arbeitsgeräusch des Geldautomaten zu hören, und meine Karte kam wie gewohnt zurück. Geld kam jedoch nicht! Da der Apparat keine Fehlermeldung ausgab, fürchte ich nun, dass mir das Geld irrtümlich abgebucht wird, obwohl ich gar kein Geld bekommen habe.

Zu meinem Erstaunen fand ich am Automaten keine Service-Telefonnummer, die man bei solchen Störungen anrufen kann. Der Anrufbeantworter Ihrer Bank verwies mich an eine Zentralstelle zum Sperren von EC-Karten. Dort riet man mir, mich schriftlich an Sie zu wenden.

Bitte bestätigen Sie mir, dass der Betrag nicht abgebucht wurde, und erklären Sie mir, was man außerhalb der Schalterstunden tun kann, wenn einem so etwas passiert.

Mit freundlichen Grüßen

Paul Panther

Negativbeispiel aus der Praxis:

Sie werden mir sicher zustimmen, dass dieser Brief relativ nett geschrieben ist. Der Kunde schildert, wie es ihm ergangen ist, und bittet um zwei Informationen:

1. Ist der Betrag versehentlich doch von seinem Konto abgebucht worden?
2. Was ist in einem solchen Fall zu tun?

Leider bekam er einen Antwortbrief von seiner Bank, der zum einen nicht kundenorientiert formuliert war und zum anderen nicht beide Fragen beantwortete.

Antwortbrief – Negativbeispiel aus der Praxis

👎 **Beispiel:**

Ihre Beschwerde (1) vom ... – Defekter (2) Geldautomat in der XYZ-Straße

Sehr geehrter Herr Panther,

unter Bezugnahme auf Ihr o. g. Schreiben teilen wir Ihnen mit **(3)**, dass eine Abbuchung auf Ihrem Konto nicht erfolgt ist.

Wir sind stets bemüht **(4)**, die Funktionstüchtigkeit unserer Geldautomaten aufrechtzuerhalten. Das gelingt uns jedoch nicht immer **(5)**. Es tut uns leid, dass Sie am ... kein Geld erhalten haben und bitten um Entschuldigung **(6)**.

Die Geldautomaten werden von den Filialen betreut. Betriebsstörungen können deshalb nur **(7)** während der Schalterstunden gemeldet und behoben werden. Ein Notdienst ist bisher aus Kostengründen **(8)** nicht eingerichtet worden.

Wir hoffen, dass Ihnen unsere Informationen **(9)** weiterhelfen und würden uns freuen, Sie künftig wieder **(10)** zu unseren zufriedenen Kunden zählen zu dürfen. Bis dahin verbleiben **(11)** wir

mit freundlichen Grüßen

Analyse

(1) Formulierung zu negativ.
(2) Formulierung zu negativ.
(3) Ungünstiger Einstieg! Es wäre angebrachter gewesen, sich beim Kunden zu bedanken
(4) Es hat sich manch einer bemüht, geschafft hat er nichts!
(5) Dieser Satz schädigt das Image der Firma.
(6) Na ja, zumindest eine Entschuldigung!
(7) Zwischen den Zeilen steht: „Wir sind sowieso nicht zuständig."
(8) Für Kunden geben wir doch kein Geld aus!
(9) Welche denn? Der Kunde weiß immer noch nicht, wie er sich in einem solchen Fall verhalten soll.
(10) Wo verbleiben wir denn?

👍 **Neue Version**

Geldautomat in unserer Filiale Stettiner Str. 2 a

Sehr geehrter Herr Panther,

vielen Dank für Ihren Brief. Es ist gut, dass Sie sich sofort bei uns gemeldet haben. Gern beantworten wir Ihre Fragen.

Es tut uns leid, dass Sie am ... am Automaten der Filiale X kein Geld erhielten. Selbstverständlich haben wir Ihr Konto sofort geprüft und bestätigen, dass keine Abbuchung erfolgt ist.

Obwohl unsere Servicetechniker die Geldautomaten regelmäßig warten, kann es im Einzelfall zu einer kleinen Betriebsstörung kommen. Bitte haben Sie Verständnis.

Während der Schalterstunden wenden Sie sich bitte direkt an die Mitarbeiter der Filiale.

Außerhalb der Schalterstunden ist es völlig ausreichend, wenn Sie die Störung am nächsten Bankarbeitstag in der Filiale oder unter der Telefonnummer ... melden.

Wenn Sie weitere Fragen haben, rufen Sie uns bitte an. Wir helfen Ihnen gern.

Freundliche Grüße

Musterbank AG
Abteilung Kundenservice

i. A.

Peter Mustermann

Checkliste zur Beantwortung von Beschwerden

1. Schritt: **Dank für den Hinweis, die Information, den Anruf etc.**

Vielen Dank für Ihre offenen Worte.
Vielen Dank, dass Sie uns sofort informiert haben.

2. Schritt: **Ärger bzw. Situation des Kunden verstehen**

Ihren Ärger verstehen wir gut.
Ihre Situation verstehen wir gut.

3. Schritt: **Erwartungen bestätigen**

Selbstverständlich können Sie erwarten, dass wir unsere Liefertermine einhalten.

Selbstverständlich können Sie eine korrekte Rechnung von uns erwarten.

4. Schritt: **Erklärung und Entschuldigung**

Obwohl wir unsere Maschinen sorgfältig warten, kam es zu einem Ausfall des Drehautomaten. Bitte entschuldigen Sie, dass es uns deshalb nicht möglich war, die Ware wie gewünscht am ... zu liefern.

Sie haben Recht, wir haben versehentlich den zugesicherten Sonderrabatt von 5 % nicht berücksichtigt. Bitte entschuldigen Sie.

5. Schritt: **Maßnahmen**

Wir haben die Ware heute per Express an Sie abgeschickt.
Sie erhalten mit diesem Brief eine neue Rechnung.

6. Schritt: **Türöffner**

Wir wünschen uns zufriedene Kunden. Wenn Sie mit dieser Lösung nicht einverstanden sind, rufen Sie uns an. Gemeinsam finden wir sicher einen Weg.

Beschwerdemanagement – Mustertexte

Beispiel 1: Ware defekt wegen mangelhafter Verpackung

Vielen Dank, dass Sie uns die Chance geben, den Fehler zu korrigieren!

Sehr geehrter Herr Muster,

unsere Lieferung vom … ist beschädigt bei Ihnen eingetroffen. Ihren Ärger verstehen wir sehr gut. Selbstverständlich können Sie von uns erwarten, dass wir die Ware korrekt verpacken.

Bitte entschuldigen Sie die Unannehmlichkeiten. Ich habe sofort veranlasst, dass Ihnen eine neue Lieferung per Express zugeschickt wird. Sie erhalten die Ware voraussichtlich am …

Das Paket mit den beschädigten Produkten senden Sie bitte unfrei an uns zurück.

Sind Sie mit dieser Lösung einverstanden? Wir freuen uns auf die weitere gute Zusammenarbeit mit Ihnen.

Freundliche Grüße

Beispiel 2: Irrtümlich falsche Qualität geliefert

Vielen Dank für Ihre offenen Worte!

Sehr geehrter Herr Muster,

Ihren Ärger verstehen wir sehr gut. Selbstverständlich können Sie erwarten, dass wir Sie mit qualitativ hochwertigen Produkten beliefern.

Es tut uns leid, dass … nicht zu Ihrer Zufriedenheit ausgefallen ist. Wir haben das Material sofort in unserer Qualitätskontrolle geprüft. Es stellte sich heraus, dass … Bitte entschuldigen Sie dieses Versehen.

Ich habe sofort veranlasst, dass noch heute eine Ersatzlieferung an Sie abgeschickt wird. Sie erhalten die Lieferung am … Die beanstandete Ware senden Sie bitte unfrei an uns zurück.

Sind Sie mit dieser Lösung einverstanden? Wir freuen uns auf die weitere gute Zusammenarbeit mit Ihnen.

Mit freundlichen Grüßen

Beispiel 3: Defektes Einzelteil

Unsere Lieferung vom ...

Sehr geehrter Herr Muster,

vielen Dank, dass Sie sich sofort mit uns in Verbindung gesetzt haben.

Ihre Situation verstehen wir sehr gut. Selbstverständlich können Sie die Lieferung einwandfreier Ware von uns erwarten.

Obwohl wir eine intensive Qualitätskontrolle durchführen, kann es im Einzelfall vorkommen, dass ein defektes Teil übersehen wird. Bitte entschuldigen Sie diesen Vorfall.

Sie erhalten noch heute per Express ein Ersatzteil. Die Kosten hierfür trägt natürlich unser Unternehmen. Sind Sie mit diesem Vorschlag einverstanden?

Wir freuen uns auf die weitere gute Zusammenarbeit mit Ihnen.

Freundliche Grüße

Beispiel 4: Lieferverzug

Sehr geehrter Herr Muster,

haben Sie herzlichen Dank für Ihre offenen Worte.

Aus unseren langjährigen Geschäftsbeziehungen wissen Sie, dass uns zufriedene Kunden sehr viel bedeuten. Deshalb ist es für uns wichtig zu erfahren, wenn einmal etwas nicht so gelaufen ist, wie es sollte.

Selbstverständlich haben wir sofort geprüft, weshalb die Ware nicht rechtzeitig bei Ihnen eingetroffen ist. Es stellte sich heraus, dass... Bitte entschuldigen Sie dieses Versehen.

Zufriedene Kunden sind uns sehr wichtig, deshalb schlagen wir Ihnen vor ...

Sind Sie mit dieser Lösung einverstanden? Bitte geben Sie mir kurz Bescheid. Vielen Dank.

Freundliche Grüße

Beispiel 5: Karten für das Rennen am Nürburgring zu spät eingetroffen
Ihre Bestellung von 2 Karten für das Rennen am Nürburgring am ...

Sehr geehrter Herr Muster,

vielen Dank für Ihre offenen Worte.

Ihren Ärger verstehen wir sehr gut. Sicher haben Sie sich sehr auf das Rennen am Nürburgring gefreut und waren sehr enttäuscht, als die Karten nicht rechtzeitig ankamen. Selbstverständlich können Sie erwarten, dass wir Ihnen Ihre Tickets pünktlich zusenden.

Wir prüfen sofort, wie dieses Missgeschick passieren konnte, und leiten Maßnahmen ein, um einen solchen Vorfall in Zukunft auszuschließen.

Gerne bieten wir Ihnen alternativ ein Wochenendticket für das Rennen am Hockenheimring an. Sind Sie mit diesem Vorschlag einverstanden? Bitte rufen Sie mich an, gemeinsam finden wir sicher eine Lösung.

Freundliche Grüße aus Wiesbaden

Beispiel 6: Beschwerde über kurzfristige Terminverschiebung
Bitte entschuldigen Sie!

Sehr geehrte Frau Muster,

vielen Dank für Ihre offenen Worte.

Ihren Ärger über die Terminverschiebung verstehen wir gut. Natürlich können Sie von uns erwarten, dass wir Absprachen einhalten. Es tut uns sehr leid, dass Sie durch uns in Schwierigkeiten gekommen sind.

Gern rufe ich Sie am ... an, damit wir einen Termin vereinbaren können, der in Ihre Planung passt.

Freundliche Grüße

Beschwerdemanagement – Textbausteine

Einleitung

▶ Vielen Dank für Ihren Brief und Ihre konstruktive Kritik. Wir verstehen gut, dass Sie über die verspätete Lieferung verärgert sind. Sie haben ein Recht darauf, die Gründe zu erfahren.

▶ Vielen Dank für Ihren Hinweis. Ihre Enttäuschung verstehen wir gut. Selbstverständlich können Sie erwarten, dass wir Sie gut beraten.

▶ Vielen Dank für Ihren Anruf. Ihren Ärger verstehen wir sehr gut. Selbstverständlich können Sie erwarten, dass wir unsere Rückruftermine einhalten.

- Vielen Dank für Ihren Brief, auch wenn uns dessen Inhalt mehr als unangenehm ist. Ihre Enttäuschung und Ihren Ärger verstehen wir gut. Selbstverständlich können Sie erwarten, dass wir Sie pünktlich beliefern.

- Es ist gut, dass Sie uns sofort geschrieben haben. Gerne erklären wir Ihnen, aus welchem Grund ...

- Vielen Dank, dass Sie sich sofort mit uns in Verbindung gesetzt haben. Gern erklären wir Ihnen, weshalb ...

- Für Ihren Hinweis danke ich Ihnen sehr. Sie haben völlig Recht: Sie können selbstverständlich erwarten, dass Sie von unserem Kundendienst gut beraten werden.

- Dass Ihre Spülmaschine, die Sie erst vor einer Woche bei uns gekauft haben, schon nach zweimaligem Einsatz nicht mehr funktioniert, ist wirklich sehr ärgerlich. Bitte entschuldigen Sie.

- Dass Sie mit Ihrem neuen Wagen schon zwei Wochen nach dem Kauf die Werkstatt aufsuchen mussten, ist wirklich eine sehr unangenehme Geschichte. Ihren Ärger verstehen wir sehr gut.

- Dass Sie an dem Mixer 123 nur wenige Wochen Freude hatten, ist wirklich sehr ärgerlich.

- Unser Mitarbeiter vom Servicetelefon hat mir Ihre Nachricht weitergereicht. Es ist wirklich kaum zu verzeihen, dass wir Ihnen den Artikel X in der falschen Farbe geliefert haben.

- Wir tun alles, was in unserer Macht steht, um eine Lösung für Sie zu finden.

Der Kunde hat Recht – Fehler eingestehen

- Sie haben Recht, der Fehler liegt bei uns. Bitte entschuldigen Sie!

- Sie haben Recht – uns ist ein Fehler unterlaufen. Den Grund dafür konnten wir in der Kürze der Zeit zwar noch nicht feststellen. Seien Sie aber überzeugt, wir gehen der Sache sofort nach und leiten entsprechende Maßnahmen ein, damit sich Ähnliches in Zukunft nicht wiederholt.

- Sie haben Recht, wir haben einen Fehler gemacht.

- Wenn es stimmt, dass man aus Fehlern immer nur lernen kann, dann sind wir nun ein wenig weiser geworden. Sie haben Recht, die Ware ist ...

- Wer einen Fehler rechtfertigt, macht ihn doppelt schlimm, heißt es in Frankreich. Wir nennen die Dinge deshalb offen beim Namen: Sie haben Recht, wir haben Ihnen einen falschen Farbton geliefert.

- Wir könnten nun viele Ausreden erfinden. Aber zu einer guten Geschäftsbeziehung gehört Ehrlichkeit. Deshalb sagen wir Ihnen heute ohne Umschweife: Sie haben Recht, wir haben uns geirrt. Dürfen wir auf Ihr Verständnis hoffen? Auf jeden Fall möchten wir die Angelegenheit so schnell wie möglich aus der Welt schaffen.
- Sie haben Recht. Wir haben Ihnen versehentlich die falsche Ware geliefert. Bitte entschuldigen Sie.

Schlusssätze

- Wir wünschen uns zufriedene Kunden. Wenn Sie mit der vorgeschlagenen Lösung nicht einverstanden sind, dann zögern Sie bitte nicht uns anzurufen.
- Wir haben aus dem Fehler gelernt und sind zuversichtlich, dass sich ein solcher Vorfall nicht wiederholt. Bitte nehmen Sie uns beim Wort.
- Bitte geben Sie uns Gelegenheit, Sie schon sehr bald wieder von der Leistungsfähigkeit unserer Produkte zu überzeugen.
- Bitte tragen Sie uns diesen Vorfall nicht länger nach. Wir haben daraus gelernt. Versprochen!
- Bitte tragen Sie uns diesen Fehler nicht nach. Wir werden alles tun, um Sie künftig wieder in vollem Umfang zufrieden zu stellen.
- Bitte teilen Sie uns mit, ob Sie mit dieser Lösung einverstanden sind.
- Sind Sie mit dieser Lösung einverstanden? Wir freuen uns auf Ihren Anruf!
- Wir wünschen Ihnen und uns, dass Sie trotz des kleinen Zwischenfalls künftig mit Ihrer Stereoanlage sehr viel Spaß haben werden.
- Wir freuen uns auf die weitere gute Zusammenarbeit mit Ihnen.

Dankesbriefe

Es ist nicht selbstverständlich, eine gute Leistung zu erhalten. Doch leider sind Dankesbriefe in der heutigen Zeit immer seltener geworden. Wenn wir eine Beschwerde haben oder unzufrieden sind, dann halten wir es für selbstverständlich zu reklamieren. Dank und Lob sind heute jedoch eine solche Rarität, dass manche Menschen schon gar nicht mehr damit umgehen können.

Hand aufs Herz! Freuen Sie sich nicht auch über ein ernst gemeintes Lob? Ist es nicht schön, wenn jemand sich bei Ihnen für Ihre Hilfe bedankt? Lob und Dank motivieren im wahrsten Sinne des Wortes, in Zukunft eine noch bessere Leistung zu erbringen.

Dankesbriefe

Es gibt viele Gelegenheiten, sich bei Mitarbeitern und Geschäftspartnern zu bedanken. Im folgenden Kapitel finden Sie pfiffige Ideen und nette Formulierungen für Ihre Korrespondenz.

Negativbeispiele aus der Praxis

👎 **Beispiel 1:**

Sehr geehrter Herr Muster,

als Anerkennung für Ihren besonderen Einsatz bei der Einführung der neuen Buchhaltungssoftware erhalten Sie eine einmalige freiwillige Prämie **in Höhe von (1)**

1.000,00 EUR,

die in Ihrer Oktober-Abrechnung **zur Auszahlung gebracht wird (2)**.

Wir danken Ihnen für die gute Zusammenarbeit und hoffen, dass Sie auch in Zukunft das gleiche Engagement zeigen werden.

Mit freundlichen Grüßen

Analyse

Der Brief wirkt insgesamt etwas langweilig und enthält zwei Floskeln:

(1) unnötig
(2) Streckform

👍 **Neue Version**

Herzlichen Dank für Ihr Engagement!

Guten Tag, Herr Muster,

bei der Einführung unserer neuen Buchhaltungssoftware haben Sie Außerordentliches geleistet. Als Dankeschön erhalten Sie mit Ihrer Oktober-Abrechnung eine einmalige freiwillige Prämie von

1.000,00 EUR.

Wir sind stolz darauf, Mitarbeiter wie Sie zu haben, auf die wir uns im Notfall verlassen können. Auf weitere gute Zusammenarbeit!

Freundliche Grüße

👎 Beispiel 2:

Ihre Einladung zur Werksbesichtigung vom ...

Sehr geehrter Herr ...,

für Ihre Einladung (1) möchte (2) ich mich ganz herzlich bedanken.

Leider (4) kann ich jedoch nicht teilnehmen, da am gleichen Tag unsere Aufsichtsratssitzung stattfindet, bei der meine Anwesenheit zwingend erforderlich ist.

Gerne werde ich Ihr Werk ein anderes Mal besichtigen. Bitte setzen Sie sich mit meiner Sekretärin in Verbindung (5), um einen Termin zu vereinbaren.

Mit freundlichen Grüßen

Kommentar:

(1) Wortwiederholung
(2) Füllwort
(3) Erst begründen, dann verkünden!
(4) Unhöflich! Es wäre angemessener, wenn wir uns mit dem Geschäftspartner in Verbindung setzen, um einen neuen Termin zu vereinbaren.

👍 Neue Version

Vielen Dank für Ihre Einladung!

Sehr geehrter Herr X,

herzlichen Glückwunsch zur Eröffnung Ihrer neuen Filiale in Lissabon. Gerne hätte ich am ... mit Ihnen auf diesen weiteren Meilenstein Ihres Erfolges angestoßen.

Am gleichen Tag findet jedoch unsere Aufsichtsratssitzung in London statt, bei der meine Anwesenheit absolut erforderlich ist. Bitte haben Sie Verständnis, dass ich deshalb nicht zusagen kann.

Aufgeschoben ist nicht aufgehoben! Im Juni werde ich geschäftlich in Portugal sein und würde die Besichtigung gerne nachholen. Sind Sie damit einverstanden? Meine Sekretärin, Frau Muster, wird Sie in den nächsten Tagen anrufen, um einen Termin zu vereinbaren.

Freundliche Grüße

Musterbriefe

Beispiel 1: Dank für schnelle Hilfe nach telefonischer Reklamation

Herzlichen Dank für Ihre schnelle und unbürokratische Hilfe

Guten Tag, Frau Muster,

nicht immer trifft man auf Verständnis und offene Ohren, wenn man sich über etwas ärgert und dabei auch einmal etwas ungehalten wird. Auch ist es nicht selbstverständlich, dass eine Reklamation mit so viel Freundlichkeit und Professionalität behandelt wird.

Nach unserem Telefonat war ich schon wesentlich ruhiger und zuversichtlicher. Sie haben es nicht nur geschafft, mir den Wind aus den Segeln zu nehmen, sondern auch schnell eine vernünftige Lösung gefunden. Vielen Dank!

Ich freue mich auf die weitere gute Zusammenarbeit mit Ihrem Unternehmen.

Freundliche Grüße nach Musterhausen

Beispiel 2: Dank an einen Lieferanten für die Bereitschaft, früher als geplant zu liefern

Sie haben uns wirklich aus der Patsche geholfen!

Sehr geehrte Frau Muster,

letzte Woche war wirklich Holland in Not. Durch Ihre schnelle Reaktion und Ihren außerordentlichen Einsatz ist es Ihnen gelungen, den Liefertermin um zwei Wochen vorzuziehen. Herzlichen Dank.

Es ist beruhigend für uns zu wissen, dass wir einen Lieferanten haben, auf den wir uns im Notfall verlassen können.

Freundliche Grüße

Beispiel 3: Dank an einen Event-Manager für die gelungene Organisation einer Veranstaltung

Ohne Sie hätten wir das nicht geschafft!

Sehr geehrte Frau Muster,

durch Ihre Professionalität und Ihr Organisationstalent haben Sie dazu beigetragen, dass unser Tag der offenen Tür ein voller Erfolg war. Herzlichen Dank!

Sicher erinnern Sie sich an unsere unzähligen Telefongespräche vor der Veranstaltung. Immer haben Sie mich freundlich und kompetent beraten und unterstützt. Mehrere gravierende Änderungen des Ablaufplanes haben Sie nicht aus der Ruhe gebracht. Sie hatten die Zügel fest in den Händen und haben es geschafft, dass sich alle unsere Gäste an diesem Tag sehr wohl gefühlt haben.

Besonders profitiert hat die Veranstaltung von Ihren kreativen Ideen und konstruktiven Vorschlägen, die wir gerne umgesetzt haben.

Es hat Spaß gemacht, mit Ihnen zusammenzuarbeiten, und ich freue mich schon heute darauf, auch die nächste Veranstaltung wieder mit Ihnen gemeinsam zu organisieren.

Freundliche Grüße nach Musterhausen

Beispiel 4: Dank an einen Mitarbeiter für schnelles Handeln in einem Notfall

Es ist ein lobenswerter Brauch:
Wer was Gutes bekommt,
der bedankt sich auch!
(Willhelm Busch)

Sehr geehrter Herr Muster,

wie gut, dass Sie zur Stelle waren und den Brand in unserer Werkshalle so schnell gelöscht haben! Durch Ihr umsichtiges Handeln ist uns ein großer Schaden erspart geblieben.

Als Dankeschön laden wir Sie und Ihre Frau zu einem Theaterabend ein. Damit wir Ihren Geschmack auch wirklich treffen, wird sich meine Sekretärin mit Ihnen in Verbindung setzen.

Freundliche Grüße

Beispiel 5: Dank an eine ausscheidende Mitarbeiterin
Die Lücke, die Sie hinterlassen, kann nur schwer geschlossen werden!

Liebe Frau Muster,

heute ist ein ganz besonderer Tag in Ihrem Leben. Sie gehen nun in Ihren wohlverdienten Ruhestand.

In all den Jahren unserer Zusammenarbeit haben Sie stets hervorragende Arbeit geleistet. Durch Ihr fachliches Know-how, durch Geduld, Engagement und Fingerspitzengefühl ist es Ihnen gelungen, selbst schwierige Projekte zu einem erfolgreichen Ende zu führen. Auch in hektischen Situationen bewahrten Sie einen kühlen Kopf und schafften es immer, die Wogen zu glätten und alle zufrieden zu stellen.

Als Kollegin und Vorgesetzte werden wir Sie sehr vermissen!

Freuen Sie sich nun auf einen etwas ruhigeren Lebensabschnitt, und denken Sie daran, sich ab und zu einmal bei uns zu melden.

Alles Gute für die Zukunft!

Beispiel 6: Dank für die gute Organisation einer gelungenen Veranstaltung
Unsere 50-Jahr-Feier war ein voller Erfolg!

Liebes Organisationsteam,

was muss das nur für ein Gefühl sein? Monatelang organisieren, sich den Kopf zerbrechen und an jede Kleinigkeit denken! Sicherlich kamen Fragen auf, wie z. B.: „Wird auch alles klappen?", „Haben wir die richtige Band ausgewählt?", „Was machen wir nur, wenn ...?"

All diese Fragen kann ich Ihnen mit mehreren Gegenfragen beantworten:

Haben Sie all die vergnügten Gesichter und die tanzenden Menschen beobachtet?
Haben Sie gesehen, wie gut es allen schmeckte?
Haben Sie gehört, wie alle von den wirklich spektakulären Darbietungen schwärmten?

Viele kamen an diesem Abend erst nach Mitternacht nach Hause! Unsere Mitarbeiter und Geschäftspartner waren begeistert und werden unser Fest noch lange in guter Erinnerung behalten.

Als Dankeschön für die wirklich professionelle Organisation – und weil es mich auch persönlich sehr interessiert, wie es Ihnen gefallen hat – lade ich Sie am ..., um 18:00 Uhr, herzlich zu einem gemütlichen Abendessen in den „Goldenen Löwen" ein.

Bitte teilen Sie Frau Muster bis ... mit, ob Sie dabei sein können.

Ich freue mich auf Ihr Kommen

Einladungen

Es ist nicht immer einfach, eine pfiffige Einladung zu formulieren. Oft raucht der Kopf, aber die passende Formulierung will uns einfach nicht einfallen.

Anlässe für Einladungen gibt es reichlich. Oft werden Gäste aus Zeitgründen mündlich oder telefonisch eingeladen. Bitte beachten Sie jedoch, dass eine schriftliche Einladung Sie, den Gastgeber und Ihre Veranstaltung viel besser repräsentiert.

Laden Sie deshalb Ihre Gäste in Zukunft schriftlich ein. Das hat viele Vorteile:

- Der Gast erhält einen ersten Eindruck über den Ablauf der Veranstaltung.
- Er erhält alle wichtigen Informationen und kann auf der Einladung nachsehen, falls er etwas vergessen hat.

Welche Informationen sind für Ihre Gäste interessant?
- Wer ist der Gastgeber?
- Ist der Gast alleine oder mit Begleitung eingeladen?
- Ort, Beginn und Ende der Veranstaltung
- Welche Bekleidung ist erwünscht?
- Anfahrtsskizze
- Antwortkarte

Negativbeispiel aus der Praxis

> 👎 **Beispiel:**
>
> **Einladung zur Munich Fabric Start vom ... bis ...**
>
> Sehr geehrte Damen und Herren,
>
> vom ... bis ... findet die Munich Fabric Start statt. **Aus diesem Anlass** wollen wir Ihnen unsere neuen Futterstoffe vorstellen. An unserem Stand in der Halle 4 erwartet Sie unser Verkaufsteam, um Ihnen unsere neuen Produkte zu präsentieren.
>
> Wir **würden** uns freuen, Sie an unserem Messestand begrüßen zu **dürfen** und **verbleiben**
>
> mit freundlichen Grüßen

👍 **Neue Version**

Besuchen Sie uns auf der Munich Fabric Start vom ... bis ...

Sehr geehrter Herr Muster,

unser Verkaufsteam freut sich darauf, Ihnen die neuen Trends und Farbnuancen für die Sommersaison 20.. zu präsentieren. Überzeugen Sie sich von der hervorragenden Qualität unserer Produkte! Gerne nehmen wir uns Zeit, Sie individuell zu beraten. Vereinbaren Sie hierzu bitte einen Termin mit Frau Muster. Sie erreichen sie unter der Telefonnummer 123.

Nehmen Sie unsere Einladung an, und kommen Sie zu unserem Messestand in der Halle 4!

Wir wünschen Ihnen eine angenehme Anreise.

Freundliche Grüße nach Musterhausen

Musterbriefe

Beispiel 1: Einladung zu einem Workshop (als Geschäftsbrief)

XY-Workshop am 3. Mai 20..

Sehr geehrter Herr Muster,

Hauselektronik liegt weiter im Trend! Besonders auf diesem Gebiet der Installationstechnik gab es in den letzten Jahren eine rasante Entwicklung. Wir haben eine Vielzahl von neuen Geräten in unser Programm aufgenommen.

Nutzen Sie die Möglichkeit, mehr über eine innovative und zukunftsorientierte Hausinstallation zu erfahren! Anhand von konkreten Fallbeispielen machen wir Sie mit unseren Produkten und deren Anwendungsmöglichkeiten vertraut.

Senden Sie uns bitte die beigefügte Anmeldung bis ... zurück. Wir freuen uns auf Ihren Besuch!

Freundliche Grüße aus Musterhausen

Beispiel 2: Einladung zum Werksbesuch (als Geschäftsbrief)
Nutzen Sie die Chance, unsere neue Produktpalette kennen zu lernen!

Guten Tag, Herr Muster,

als Dankeschön für die langjährige, hervorragende Zusammenarbeit laden wir Sie zu einem Werksbesuch ein.

Wählen Sie zwischen folgenden Terminen:

31.03. – 01.04.20..
08.04. – 09.04.20..
06.05. – 07.05.20..

Damit wir eine gelungene Veranstaltung für Sie organisieren können, teilen Sie uns bitte bis ... mit, für welchen Termin Sie sich entschieden haben.

Ein Programm der besonderen Art, mit vielen interessanten Informationen, erwartet Sie! Am Abend lassen Sie sich durch unser attraktives Rahmenprogramm verwöhnen.

Wir freuen uns auf Sie!

Beispiel 3: Einladung zum 25-jährigen Betriebszugehörigkeitsjubiläum (per E-Mail)
Meilensteine sollte man feiern!

Liebe Kolleginnen,
liebe Kollegen,

die Zeit ist wie im Flug vergangen. Ich kann es gar nicht glauben! Fast 25 Jahre ist es her, dass ich mit weichen Knien zu meinem Vorstellungsgespräch erschien.

Damals wusste ich sofort, dass dies die richtige Firma für mich ist, und daran hat sich bis heute nichts geändert. Ich lade euch deshalb herzlich ein, mein Firmenjubiläum mit mir zu feiern.

Wann?	25. Mai 20.., 17:00 Uhr
Wo?	Kleiner Besprechungsraum
Wie lange?	So lange ihr Lust habt!

Damit ich auch für euer leibliches Wohl sorgen und alles perfekt vorbereiten kann, teilt mir bitte bis ... mit, ob ihr dabei sein werdet.

Ich freue mich wahnsinnig darauf, mit euch auf die letzten 25 Jahre anzustoßen.

Viele liebe Grüße

Beispiel 4: Einladung zum 25-jährigen Betriebszugehörigkeitsjubiläum (per E-Mail)

**Eins, zwei, drei im Sauseschritt,
rennt die Zeit, wir rennen mit!**

Liebe Kolleginnen,
liebe Kollegen,

diese Weisheit stammt von Wilhelm Busch. Als mir meine Mutter früher erzählte, dass die Zeit immer schneller vergeht, je älter man wird, habe ich herzlich gelacht. Heute denke ich oft an diese Worte, denn die letzten 25 Jahre sind im wahrsten Sinne des Wortes „gerannt".

Am 24. April 20.. bin ich 25 Jahre hier, und das möchte ich mit euch feiern.

Wann?   25. April 20..
Wo?   Kantine, Nebenraum 1

Über eure Zusage bis ... freue ich mich sehr!

Freundliche Grüße

Beispiel 5: Einladung zum Vorstellungsgespräch als Geschäftsbrief

Ihre Bewerbung ist in die engere Wahl gekommen!

Guten Tag, Frau Muster,

Ihre ansprechenden Unterlagen haben unser Interesse geweckt, und wir möchten Sie gerne kennen lernen.

Können Sie am 15. Mai 20.., um 15:00 Uhr zu uns kommen? Gerne berücksichtigen wir auch Ihren Terminplan.

Selbstverständlich erstatten wir Ihnen Ihre Fahrtkosten mit der Bundesbahn 2. Klasse oder 0,40 EUR pro Kilometer, wenn Sie mit dem Auto anreisen. Eine Anfahrtsskizze liegt bei.

Bitte informieren Sie Frau Musterfrau bis ..., ob Sie diesen Termin einhalten können. Sie erreichen sie unter der Telefonnummer 0650 1234-123.

Wir freuen uns auf das Gespräch mit Ihnen.

Freundliche Grüße nach Musterhausen

Beispiel 6: Einladung zum Vorstellungsgespräch

Ihre Bewerbung hat uns gut gefallen!

Guten Tag, Frau Muster,

vielen Dank für Ihre sorgfältig zusammengestellten Unterlagen. Ihre hervorragende fachliche Qualifikation und Ihre guten Fremdsprachenkenntnisse haben uns sehr beeindruckt.

Gerne möchten wir mehr über Sie erfahren und laden Sie deshalb zu einem Vorstellungsgespräch ein.

Bitte setzen Sie sich mit Frau Musterfrau in Verbindung, um einen Termin zu vereinbaren. Sie erreichen sie unter der Telefonnummer 0611 1234-123.

Sie haben uns geschrieben, dass Sie sich darauf freuen, sich persönlich bei uns vorzustellen. Auch wir freuen uns darauf, Sie kennen zu lernen!

Freundliche Grüße

Beispiel 7: Einladung zur Betriebsversammlung per E-Mail an alle Mitarbeiter

Halten Sie sich auf dem Laufenden!

Liebe Kolleginnen,
liebe Kollegen,

am ... um ... Uhr findet unsere Betriebsversammlung statt. Aktuelle Informationen sind besser als Spekulationen! Wir laden Sie deshalb herzlich ein.

Auf Ihr Kommen freuen wir uns

Ihr Betriebsrat

Beispiel 8: Einladung zur Pressekonferenz

Es wird viel gemunkelt!

Sehr geehrter Herr Muster,

sind Sie an den Fakten interessiert? Dann laden wir Sie herzlich zu unserer Pressekonferenz ein.

Datum:	Dienstag, 15. Mai 20..
Uhrzeit:	15:00 Uhr
Ort:	Verwaltungsgebäude der XY GmbH Musterstraße 1 12345 Musterhausen
Gesprächspartner:	Herr Dr. Peter Muster, Vorstandsvorsitzender XY AG Herr Dr. Marco Muster, Aufsichtsratsvorsitzender XY AG Frau Petra Muster, Geschäftsführerin XYZ AG

Haben wir Ihr Interesse geweckt? Bitte teilen Sie bis ... mit, ob Sie teilnehmen werden.

Freundliche Grüße

Unterschrift

Anlage
Antwortkarte

Beispiel 9: 25-jähriges Firmenjubiläum – Einladung an Geschäftspartner

Mit Stolz blicken wir zurück auf die vergangenen 25 Jahre!

Sehr geehrter Herr Muster,

mit Stolpersteinen war der Weg gepflastert. Doch wir haben alle Hürden mit Bravour genommen. Heute sind wir Marktführer im Bereich ...

Dies wäre uns sicher nicht gelungen ohne unsere Geschäftspartner, die uns vertrauten und unterstützten. Als Dankeschön für die stets erfolgreiche und konstruktive Zusammenarbeit laden wir Sie zu unserer Jubliäumsfeier am ... ein.

Gerne möchten wir mit Ihnen auf die nächsten Jahre anstoßen! Damit wir ein gelungenes Fest für Sie organisieren können, teilen Sie uns bitte bis ... mit, ob Sie teilnehmen werden.

Wir freuen uns auf die weitere gute Zusammenarbeit mit Ihrem Unternehmen.

Freundliche Grüße

Beispiel 10: Einladung zum Sommerfest per E-Mail an alle Mitarbeiter

Laue Nächte laden zum Feiern ein!

Liebe Kolleginnen,
liebe Kollegen,

auch dieses Jahr soll unser Sommerfest eine Ereignis werden, an das wir uns im kalten Winter gerne erinnern.

Die Girlanden und Lichterketten haben wir bereits aus dem Keller geholt! Damit wir auch für euer leibliches Wohl sorgen können, teilt uns bitte bis ... mit, ob ihr teilnehmen werdet. Selbstverständlich sind auch eure Partner herzlich eingeladen.

Termin: 25. Juni 20..
Beginn: 17:00 Uhr
Ende: ungewiss!!!

Auch dieses Jahr erwartet euch ein tolles Rahmenprogramm mit einem Feuerwerk von Überraschungen.

Lasst euch diesen zauberhaften Abend nicht entgehen! Wir freuen uns auf eure Zusage!

Freundliche Grüße an alle Abteilungen

Beispiel 11: Einladung zur Messe

Besuchen Sie uns auf der Buchmesse in Frankfurt vom .. bis ..!

Sehr geehrter Herr Muster,

es ist wieder soweit! Die international renommierte Frankfurter Buchmesse öffnet ihre Pforten!

Informieren Sie sich über interessante Neuerscheinungen, und lernen Sie unsere Autoren kennen!

Unser Team freut sich auf Ihren Besuch an unserem Messestand in Halle 4, Stand F14.

Freundliche Grüße nach Musterhausen

PS: Unter allen Besuchern der Messe verlosen wir 200 wertvolle Buchpreise.

Entschuldigungsbriefe

Ein Sprichwort sagt: „Wo gehobelt wird, da fallen Späne." Oft geht es am Arbeitsplatz sehr stressig zu, und manchmal passiert ein Fehler oder ein Missgeschick. Entschuldigen Sie sich, sobald Sie den Fehler erkannt haben. Das ist sehr viel besser, als die Sache auf sich beruhen zu lassen oder die Reklamation des Geschäftspartners abzuwarten.

Musterbriefe

Beispiel 1: So entschuldigen Sie sich, wenn Sie sich in einer E-Mail oder in einem Brief im Ton vergriffen haben

Bitte entschuldigen Sie!

Sehr geehrter Herr Muster,

ein chinesisches Sprichwort warnt:

„Inmitten einer großen Freude soll man niemandem etwas versprechen,
inmitten eines großen Ärgers soll man keinen Brief beantworten."

Hätte ich mich doch an diesen Grundsatz gehalten! Nachdem ich die Reklamation an Sie abgeschickt hatte, waren mir meine Worte sehr peinlich. Vielen Dank, dass Sie trotzdem so professionell und konstruktiv reagiert haben.

Ich bin mit Ihrem Vorschlag einverstanden und freue mich, dass Sie so schnell eine Lösung gefunden haben.

Auf eine weiterhin gute Zusammenarbeit!

Freundliche Grüße nach Musterhausen

Beispiel 2: So entschuldigen Sie sich, wenn Sie sich im Ton vergriffen haben

Ein Wort ist wie ein Pfeil, einmal von der Sehne abgeschnellt, kann er nicht zurückgehalten werden!

Liebe Frau Meier,

dieser Spruch fiel mir ein, nachdem ich den Hörer aufgelegt hatte.

Ich habe Ihnen einen Fehler vorgehalten, für den Sie gar nicht verantwortlich waren. Bitte entschuldigen Sie, dass ich gestern so ungehalten war.

Auch wenn ich meine Worte nicht rückgängig machen kann, möchte ich, dass Sie wissen, dass es mir leid tut.

Freundliche Grüße

Beispiel 3: Entschuldigung für eine falsche Auskunft

Antworte einem anderen nur, wenn du weißt, wovon du redest; sonst halte lieber den Mund!

Sehr geehrte Frau Müller,

diesen Spruch von Jesus Sirach hätte ich heute Morgen beherzigen sollen! Bitte entschuldigen Sie, die Lieferfrist, die ich Ihnen nannte, ist nicht korrekt.

Unsere Dispositionsabteilung teilte mir gerade mit, dass die Ware am 5. September wieder erhältlich ist. Bitte informieren Sie mich bis ..., ob Sie mit diesem Termin einverstanden sind.

Wir freuen uns auf Ihren Auftrag.

Freundliche Grüße

Beispiel 4: Entschuldigung bei nicht professioneller Reaktion auf telefonische Reklamation des Kunden

Eine offene und ehrliche Antwort ist ein Zeichen von wahrer (Geschäfts)freundschaft!

Sehr geehrte Frau Maier,

auf Ihre berechtigte Kritik am ... habe ich nicht professionell genug reagiert! Bitte entschuldigen Sie.

Ich danke Ihnen für Ihre offenen Worte! Auch wenn einmal etwas nicht so läuft, wie Sie es von uns gewohnt sind, ist es wichtig für uns, davon zu erfahren. Nur so kann es uns gelingen, unseren Kundenservice immer weiter zu perfektionieren.

Sie können sich darauf verlassen, dass wir in Zukunft Ihre Termine einhalten oder uns rechtzeitig bei Ihnen melden, wenn dies tatsächlich einmal nicht möglich ist. Die Waren haben wir heute per Luftfracht-Express an Sie abgeschickt.

Auf die weitere gute Zusammenarbeit freuen wir uns!

Freundliche Grüße

Glückwunschbriefe

Stilvolle Gratulationsschreiben – Allgemeine Regeln

Regel 1

> Glückwunschschreiben werden auf Geschäftsbogen ohne Empfängeranschrift, Bezugszeichenzeile und Betreff geschrieben.

Achten Sie auf stilvolles Papier. Verwenden Sie nicht Ihre normalen Geschäftsbogen, sondern wählen Sie eine bessere Papierqualität oder Briefbogen mit Wasserzeichen.

Regel 2

> Handgeschriebene Glückwunsch- und Kondolenzbriefe wirken persönlicher.

Statistische Erhebungen haben gezeigt, dass 60 % der Empfänger die Ihnen zugedachten Wünsche überhaupt nicht zur Kenntnis nehmen und sie ungelesen in den Papierkorb werfen. Mit Füllfederhalter geschriebene Grüße fallen auf und werden sicher viel eher gelesen. Wenn Sie den Empfänger besonders wertschätzen möchten, dann schreiben Sie also mit Füllfederhalter und Tinte. Wenn Sie eine besonders unleserliche Schrift haben, dann schreiben Sie zumindest die Anrede und die Grußformel mit der Hand. Das ist eine Hintertür, die die Etikette den Menschen anbietet, die eine sehr schlechte Schrift haben. Betrachten Sie diese Möglichkeit aber bitte wirklich nur als letzten Ausweg.

Regel 3

> Datieren Sie das Schreiben auf das Datum des Anlasses. Bevorzugen Sie die alphanumerische Schreibung.

Es bringt Unglück, vorab zu gratulieren. Wenn Sie einen Glückwunschbrief schreiben, werden Sie diesen sicher rechtzeitig abschicken, damit er den Empfänger pünktlich zu seinem Ehrentag erreicht. Datieren Sie das Schreiben immer auf das Datum des Anlasses. Auch wenn der Empfänger den Brief vor seinem Geburtstag oder Jubiläum öffnet, gilt dies nicht als vorab gratuliert.

Regel 4

> Beschränken Sie sich auf eine Seite.

Zu seinem Geburtstag erhält der Empfänger viele gute Wünsche. Er möchte jedoch auch einmal mit dem Lesen fertig werden.

Regel 5

Geschenke sollten Sie im Schreiben erwähnen.

Im Eifer des Gefechts kann es passieren, dass der Brief und das Geschenk voneinander getrennt werden. Erwähnen Sie deshalb Ihre Gabe im Brieftext, damit sich der Beschenkte auch gebührend bedanken kann.

> **Beispiele:**
>
> Da ich weiß, dass Sie ein begeisterter Golfspieler sind und einen edlen Tropfen sehr zu schätzen wissen, hoffe ich, mit dem Marktheidenfelder Golfwein Ihren Geschmack getroffen zu haben.
>
> Da ich weiß, dass Sie Mallorca über alles lieben und sogar daran denken, Ihren Lebensabend dort zu verbringen, haben Sie sicher viel Freude an dem Bildband, den ich für Sie ausgesucht habe.

Regel 6

Frankieren Sie Glückwunsch- und Kondolenzbriefe mit Briefmarken, um die persönliche Note zu wahren.

Frankieren Sie den Umschlag mit einer Briefmarke, damit er sich von der normalen Geschäftspost abhebt. Es wirkt nicht besonders stilvoll, wenn Sie einen Glückwunschbrief durch die Frankiermaschine laufen lassen. Die Deutsche Post AG bietet für solche Gelegenheiten hübsche Sondermarken an. Auch Fensterbriefhüllen und Adressaufkleber sollten tabu sein.

Checkliste – So bauen Sie einen Glückwunschbrief auf

1. Einstieg Wählen Sie zwischen folgenden Möglichkeiten für einen gelungenen Einstieg.

Zitat
Setzen sie ein Zitat als Ersatz für den Betreff vor die Anrede. Geeignete Sprüche für die Praxis finden Sie im Internet unter www.zitate.de oder www.aphorismen.de.

Glückwunsch
Gratulieren Sie dem Empfänger zu seinem Jubeltag.

Erinnerungen
Überlegen Sie, was Sie und der Empfänger in den letzten Jahren gemeinsam erlebt und welche Hürden Sie mit vereinten Kräften überwunden haben.

2. Hauptteil	**Rückblick und Laudatio (Würdigung der Leistungen)**

Laudatio fachliche Kompetenz: Wertschätzen Sie die hervorragende Zusammenarbeit, und erwähnen Sie, welche fachlichen Fähigkeiten Sie in den letzten Jahren am meisten zu schätzen wussten.

Laudatio persönliche Kompetenz: Weshalb schätzen und respektieren Sie den Empfänger besonders? Erwähnenswert sind zum Beispiel folgende Eigenschaften:

– Engagement/Einsatzbereitschaft
– Flexibilität
– Führungsqualitäten
– Kreativität
– Hilfsbereitschaft
– Loyalität
– Menschlichkeit
– Ruhe und Gelassenheit auch in schwierigen Situationen
– usw.

Die Laudatio kann durch geschichtliche Daten, Dankesworte und eventuell ein Zitat ergänzt werden.

Geschenk
Erwähnen Sie das Geschenk, und teilen Sie dem Empfänger mit, was Sie sich bei der Auswahl des Geschenkes gedacht haben.

Durch Ihr Geschenk möchten Sie dem Empfänger eine Freude machen. Machen Sie sich also rechtzeitig Gedanken, damit Sie den Geschmack des Beschenkten auch wirklich treffen. Es ist ziemlich stillos, jedem Geschäftspartner das gleiche Buch zum Geburtstag zu schenken

3. Schluss Gestalten Sie den Briefschluss zukunftsorientiert. Enden Sie mit einer Vorausschau auf künftige Aktivitäten, oder enden Sie mit guten Wünschen bzw. motivierenden Worten.

Beispielbriefe

Glückwünsche zum Dienstjubiläum

10-jähriges Dienstjubiläum (Beispiel 1)

Sehr geehrter Herr Meier,

ist es wirklich schon zehn Jahre her, dass Sie als Bewerber vor mir saßen? Ich war mir damals sofort sicher, dass ich Sie nicht ohne Vertrag gehen lassen durfte. Wie Recht ich damit hatte, haben Sie in den vergangenen Jahren immer wieder bewiesen.

Es war eine besondere Herausforderung, die Abteilung Industrial Engineering zu reorganisieren. Dass heute alles so prima läuft, ist hauptsächlich Ihr Verdienst.

Machen Sie weiter so, und Sie werden auch in Zukunft sehr erfolgreich sein!

Wir freuen uns auf die weitere gute Zusammenarbeit mit Ihnen.

Ihr

25-jähriges Dienstjubiläum (Beispiel 1)

Die Zeit ist wie im Flug vergangen!

Sehr geehrter Herr Muster,

erinnern Sie sich noch daran, wie es vor 25 Jahren bei uns aussah? Wir haben Ihnen ein Foto beigelegt. Es ist gut, bei solchen Gelegenheiten einmal zurückzublicken.

Heute arbeiten mehr als 10 000 Mitarbeiter in unserem modernen Gebäudekomplex. Sie haben maßgeblich zur positiven Entwicklung unseres Unternehmens beigetragen. Für manches Projekt war eine Ihrer Ideen der Auslöser und Ihr begeisterter Einsatz die treibende Kraft.

Wir danken Ihnen hierfür von ganzem Herzen und freuen uns auf die weitere gute Zusammenarbeit!

Freundliche Grüße

25-jähriges Dienstjubiläum (Beispiel 2)

Sehr geehrter Herr Knopf,

vielen Dank für 25 Jahre Engagement und unermüdlichen Einsatz in unserem Unternehmen.

Erinnern Sie sich noch? Als Sie .... zu uns kamen, hat uns Ihre freundliche und herzliche Art überzeugt, dass Sie der „Richtige" für unserem Empfang sind. Das hat sich bis heute nicht geändert.

Wir waren eine kleine Firma am Rande der Stadt. Für Sie war es kein Problem, alle 100 Mitarbeiter in kürzester Zeit namentlich zu begrüßen. Mittlerweile sind es 120 Mitarbeiter und viele in- und ausländische Gäste, die von Ihnen herzlich aufgenommen werden.

Ihr Engagement, den Trend der Zeit zu erkennen und sich durch Sprachkurse weiterzubilden, hat Sie für uns unentbehrlich gemacht. Wir sind sicher, dass Sie auch in den nächsten Jahren weiterhin motiviert sind, die bevorstehenden Veränderungen unseres Unternehmens als Herausforderung zu sehen.

Wir wünschen Ihnen alles Gute zu Ihrem Ehrentag und hoffen sehr, dass Sie unserer Firma noch lange erhalten bleiben.

Mit den besten Wünschen

25-jähriges Dienstjubiläum (Beispiel 3)

Lieber Herr Meier,

gern erinnere ich mich heute daran zurück, wie vor 25 Jahren unsere gute, ideenreiche Zusammenarbeit begann.

Durch Ihre Kreativität hat unser Unternehmen in den vergangenen Jahren eine neue, individuelle Note bekommen.

Mit Ihrem unermüdlichen Engagement, lieber Herr Meier, haben Sie maßgeblich zum Erfolg und zum weltweit guten Ruf unseres Unternehmens beigetragen. Herzlichen Dank für die langjährige harmonische Zusammenarbeit.

Wir sind sicher, dass Ihre kreative Ader und Ihr Spürsinn für das Marktgeschehen auch in Zukunft nicht versiegen.

Auf eine weiterhin gute Zusammenarbeit!

25-jähriges Dienstjubiläum (Beispiel 4)

Sehr geehrter Herr Schnell,

am heutigen Tag arbeiten Sie 25 Jahre bei uns. Wir nehmen diesen Tag zum Anlass, Ihnen für die vielen Jahre ausgezeichneter Zusammenarbeit zu danken.

Gern erinnern wir uns an die Zeit des Aufbaus unserer EDV-Abteilung, bei der Sie entscheidend mitgewirkt haben. Ihnen verdanken wir, dass alles heute so hervorragend läuft.

Wir wünschen Ihnen auch in Zukunft viel Spaß bei der Arbeit und eine gute Zeit in unserem Hause.

Auf eine weitere erfolgreiche Zusammenarbeit!

Freundliche Grüße

25-jähriges Dienstjubiläum (Beispiel 5)

Lieber Herr Schmalz,

heute sind Sie auf den Tag 25 Jahre bei uns. Herzlichen Glückwunsch!

Am 5. September 1978 starteten Sie Ihre Ausbildung zum Industriekaufmann. Drei Jahre später waren wir stolz darauf, Sie als Sachbearbeiter in unserer Personalabteilung zu begrüßen. Durch Ihr außerordentliches Engagement, Ihre besondere Menschenkenntnis und Ihr hervorragendes Organisationstalent ist es Ihnen gelungen, sich zum Leiter der Abteilung hochzuarbeiten.

Auch heute bereitet Ihnen der Umgang mit Menschen noch sehr viel Freude. Das motiviert Ihre Mitarbeiter sehr.

Wir wünschen Ihnen und uns, dass Sie auch in den nächsten 25 Jahren so bleiben, wie Sie sind, und freuen uns auf die weitere konstruktive Zusammenarbeit.

Alles Gute für die Zukunft!

25-jähriges Dienstjubiläum (Beispiel 6)

Lieber Herr Kunz,

nach vielen Hürden, die Sie im Laufe der letzten 25 Jahre in unserem Unternehmen erfolgreich genommen haben, stehen Sie heute hier. Wir meinen, es ist ein guter Zeitpunkt, sich etwas Zeit zu nehmen und gemeinsam einen Blick in die Vergangenheit zu werfen.

Ihre erste Station als Auszubildender war unsere Personalabteilung. Heute sind Sie der Leiter des Controlling. Nur durch Ihre hervorragenden Leistungen, stetige Weiterbildung, Ihr offenes Ohr für Ihre Mitarbeiter, eisernen Willen und die Unterstützung Ihrer Familie konnten Sie diese Erfolgsleiter Schritt für Schritt erklimmen.

Wir danken Ihnen ganz herzlich, dass Sie uns, Ihre Mitarbeiter, stets ermutigt und gefördert haben. Ihr grenzenloses Vertrauen, Ihr Verständnis und Ihr kooperativer Führungsstil haben uns immer sehr motiviert. Bitte bleiben Sie uns auch in Zukunft als der Vorgesetzte erhalten, der Sie bis heute für uns waren.

Wir schätzen Sie sehr und freuen uns auf die weitere gute Zusammenerabeit!

Ihre Mitarbeiter

25-jähriges Dienstjubiläum (Beispiel 7)

Sehr geehrter Herr Meyers,

herzlichen Glückwunsch zum 25-jährigen Jubiläum.

Das Orchester (unsere Abteilung!), manchmal zu laut und nicht immer ganz stimmig, braucht seinen Dirigenten. Und zwar einen, der nicht nur den Ton angibt, sondern durch sein feines Ohr Unstimmigkeiten erkennt und die Wogen glättet. Genau das ist Ihnen in den letzten Jahren immer hervorragend gelungen. Vielen Dank!

Zusammen können wir aus Tönen Musik machen. Wir hoffen schon heute auf die nächsten Meisterwerke.

Ihre Mitarbeiter

25-jähriges Dienstjubiläum (Beispiel 8)

Sehr geehrter Herr Schneider,

in den letzten Jahren haben Sie das Schiff (unsere Abteilung) sicher über den großen Ozean gesteuert. Durch Ihren Weitblick ist es Ihnen gelungen, Untiefen rechtzeitig zu erkennen. Auch wenn wir manchmal mutlos waren, haben Sie am Horizont Land erblickt und uns dazu motiviert weiter zu segeln. Sie haben der stürmischen See immer getrotzt, und auch bei hohem Wellengang ist es Ihnen stets gelungen, unser Schiff vor dem Kentern zu bewahren. Dafür danken wir Ihnen ganz besonders.

Wir wünschen unserem Kapitän alles Gute zu seinem 25-jährigen Jubiläum und freuen uns schon heute auf weitere Touren über den großen Ozean.

Ihre Mitarbeiter

Glückwünsche zum Firmenjubiläum

Investieren Sie ein wenig Zeit, und rufen Sie gute Geschäftsfreunde des Jubilars an. Sie werden so sicher einige interessante Details erfahren, die Ihnen erlauben, einen persönlichen, individuellen Jubiläumsbrief zu verfassen.

Firmenjubiläum (Beispiel 1)

Sehr geehrter Herr Schnatz,

zum 25-jährigen Bestehen Ihres Unternehmens senden wir Ihnen unsere besten Wünsche.

Herzlichen Dank für die stets hervorragende Zusammenarbeit. Wir freuen uns schon heute darauf, auch in Zukunft viele erfolgreiche Projekte mit Ihrem Unternehmen zu realisieren.

Freundliche Grüße aus Paderborn

Firmenjubiläum (Beispiel 2)

Am 24. September .... fing alles an!

Sehr geehrter Herr Muster,

herzliche Glückwünsche zu Ihrem 20-jährigen Firmenjubiläum.

Ihr außergewöhnliches Engagement, Ihre Flexibilität und Ihre kreativen Ideen haben Ihr Unternehmen dahin gebracht, wo es heute steht. Sie können zu Recht stolz auf Ihre herausragenden Leistungen sein.

Lassen Sie sich an Ihrem Ehrentag gebührend feiern. Ich wünsche Ihnen von Herzen, dass Ihr unternehmerischer Erfolg Sie auch in Zukunft begleitet.

Alles Gute und herzliche Grüße

Ihr

Glückwünsche zum Geburtstag

Der beste Weg, dem Empfänger Wertschätzung entgegenkommen zu lassen, ist, den Glückwunschbrief mit der Hand zu schreiben. Verwenden Sie edles Papier, z. B. schweres Papier mit Wasserzeichen. Schreiben Sie den Geburtstagsbrief mit blauer Tinte. Achten Sie dabei auf eine gut lesbare Schrift.

50. Geburtstag (Beispiel 1)

Lieber Herr Meis,

als blutjunger Ingenieur von 30 Jahren mussten Sie sich dem gefürchteten Herrn Schneider unterordnen. Dies meisterten Sie mit viel Geschick. Die Belohnung ließ nur kurze Zeit auf sich warten. Nach 5 Jahren durften Sie sich Referent nennen.

Selbst die Reorganisation der Firma trugen Sie mit Humor. Sie sahen die neue Situation als Herausforderung, die Ihnen nicht nur einen neuen Vorgesetzten, sondern auch ein sehr interessantes Tätigkeitsgebiet brachte. Dieses bereitet Ihnen, wie wir beobachten können, viel Freude.

Nicht nur beruflich, sondern auch privat sind Sie sehr aktiv. So kann man Sie fast täglich im firmeninternen Fitness-Center trainieren sehen. Trotzdem finden Sie noch Zeit für Aktivitäten mit Ihrer Familie, wie Wandern und Radeln. Damit Sie und Ihre Familie auch in Zukunft fit bleiben, haben wir als Geschenk einen Heimtrainer ausgesucht. Wir wünschen Ihnen viel Spaß mit dem neuen Gerät.

Wir gratulieren Ihnen ganz herzlich zum 50. Geburtstag. Bleiben Sie so wie Sie sind!

Auf die weitere gute Zusammenarbeit mit Ihnen freuen wir uns sehr!

Ihre Mitarbeiter

60. Geburtstag (Beispiel 2)

Sehr geehrte Frau Schmitt,

zu Ihrem 60. Geburtstag wünscht Ihnen die Belegschaft der Marketingabteilung alles Gute!

Als Sie die Abteilung vor 5 Jahren übernommen haben, sah es gar nicht gut für uns aus. Durch Ihr Engagement haben Sie Schritt für Schritt dazu beigetragen, dass wir heute eine der erfolgreichsten Abteilungen sind. Dafür danken wir Ihnen ganz besonders.

Auch in hektischen Situationen behalten Sie einen klaren Kopf. Diese Ruhe und Ausgeglichenheit schöpfen Sie sicher aus Ihrem Lieblingshobby „Gartenarbeit".

Weil wir wissen, dass Sie sich für Ihren Vorgarten ein Enzianbäumchen wünschen, haben Sie sicher viel Freude an unserem Geschenk.

Auch weiterhin eine gute Hand bei der Gartenarbeit und bei der Leitung unserer Abteilung.

Herzliche Grüße

60. Geburtstag eines Geschäftspartners (Beispiel 3)

Sehr geehrter Herr Muster,

zu Ihrem 60. Geburtstag wünsche ich Ihnen alles Gute.

Seit vielen Jahren verbindet uns eine sehr gute Geschäftsbeziehung und eine gemeinsame Leidenschaft: das Cabriofahren.

Gerne hätte ich die Gelegenheit an Ihrem Ehrentag genutzt, über Ihre traumhaften Touren zu philosophieren. Schade, dass am gleichen Tag unsere Gesellschafterversammlung stattfindet, bei der meine Anwesenheit absolut erforderlich ist. Bitte haben Sie Verständnis, dass ich deshalb nicht zusagen kann.

Der Cashmere-Schal, ein unerlässlicher Begleiter für uns Cabriofahrer an kühlen Tagen, soll Sie auf Ihren Touren wärmen.

Ich wünsche Ihnen eine gelungene Feier!

Herzliche Grüße

Ihr

Franz Absender

80. Geburtstag eines ehemaligen Vorstandes (Beispiel 4)

Lieber Herr Dr. Muster,

zu Ihrem 80. Geburtstag übermittle ich Ihnen meine besten Wünsche.

Ein solcher Festtag ist eine gute Gelegenheit, auf das Erreichte zurückzublicken. Für Ihr Engagement, mit dem Sie in all den Jahren unser Unternehmen unterstützten, bedanken wir uns bei dieser Gelegenheit ganz besonders. Ihre wertvollen Ratschläge werden uns auch in Zukunft immer willkommen sein.

Wir alle wünschen Ihnen, dass Sie Ihren Geburtstag bei guter Gesundheit im Kreise Ihrer Familie verbringen können. Kommen Sie doch wieder einmal bei uns vorbei!

Mit herzlichen Grüßen

Glückwünsche zur Geburt eines Kindes

Bevor Sie den Glückwunschbrief schreiben, erkundigen Sie sich bitte im Freundes- und Bekanntenkreis über die Details der Geburt:

- Ist alles gut verlaufen?
- Sind Mutter und Kind wohlauf?
- Wie heißt das Kind?
- Wann dürfen Mutter und Kind nach Hause?

Auch hier gilt: Je mehr Informationen Sie haben, desto persönlicher können Sie Ihre Glückwünsche gestalten.

Geburt eines Kindes (Beispiel 1)

Sehr geehrte Frau Muster,
sehr geehrter Herr Muster,

herzlichen Glückwunsch zur Geburt Ihres kleinen Sohnes Maximilian.

Ich freue mich, dass sich Ihr sehnlichster Wunsch erfüllt hat. Genießen Sie die schöne Zeit mit Ihrem kleinen Sohn. Die Kinder werden so schnell groß!

Alles Gute und liebe Grüße

Geburt eines Kindes (Beispiel 2)

Kinder sind der Sonnenschein einer jeden Beziehung

Liebe Frau Muster,
lieber Herr Muster,

herzlichen Glückwunsch zur Geburt Ihrer kleinen Tochter Chiara-Marie.

Ich weiß, dass Sie sich seit langer Zeit nach einem Baby gesehnt haben. Deshalb freue ich mich umso mehr, dass Ihr Wunsch nun endlich in Erfüllung gegangen ist. Hüten Sie das Kind wie Ihren Augapfel, denn es ist sicherlich eines der schönsten Geschenke, die Sie im Leben jemals bekommen haben.

Genießen Sie die schöne Zeit mit Ihrer kleinen Tochter.

Liebe Grüße und alles Gute

Geburt eines Kindes (Beispiel 3)

Eine schöne Zeit steht Ihnen bevor – ereignisreich und voller spannender Momente!

Liebe Frau Muster,
lieber Herr Muster,

herzlichen Glückwunsch zur Geburt Ihrer kleinen Tochter Chiara-Marie. Wir haben uns sehr gefreut, als wir hörten, dass sich Ihr sehnlichster Wunsch erfüllt hat. Nun steht Ihnen eine interessante Aufgabe bevor – die Erziehung Ihrer kleinen Tochter. Sicher werden Sie viele schöne Stunden, Tage und Jahre erleben während sie zu einer jungen Dame heranwächst, auf die Sie sehr stolz sein werden.

Wir können es kaum erwarten, die ersten Bilder von dem kleinen Wonneproppen zu sehen.

Viel Glück und alles Gute im Namen aller Kollegen.

Geburt eines Kindes (Beispiel 4)

Erblickt ein Kind das Licht der Welt,
erscheint ein Stern am Firmament,
er strahlt für dich tagaus, tagein
und wird dein Wegbegleiter sein,
er schützt dich vor Gefahr und Leid,
schenkt dir viel Glück und Heiterkeit.
(Hans Karthaus)

Liebe Frau Muster,

ein Kind ist das wunderbarste Geschenk, das Sie in Ihrem Leben je bekommen haben. Genießen Sie jede Minute der schönen Zeit, die Sie mit Chiara-Marie verbringen dürfen. Kinder werden so schnell groß.

Im Namen aller Kollegen gratulieren wir Ihnen herzlich und wünschen Ihnen alles Gute!

Geburt eines Kindes (Beispiel 5)

Herzlichen Glückwunsch zur Geburt Ihres kleinen Sohnes!

Liebe Frau ...,
Lieber Herr ...,

neun lange Monate haben Sie diesem Moment entgegengefiebert.

Wie oft haben Sie sich die Frage gestellt, ob alles gut gehen wird und ob das Kind gesund ist? Wie oft haben wir gerätselt, ob es wohl ein Mädchen oder ein Junge wird? Wir waren alle sehr froh, als wir erfuhren, dass Ihr kleiner Max gesund und munter das Licht der Welt erblickte.

Sicher sind Sie nun sehr glücklich, und wir alle freuen uns sehr mit Ihnen.

Verleben Sie schöne, unvergessliche Stunden mit Ihrem Kind!

Viele liebe Grüße

Glückwünsche zur bestandenen Prüfung

Beispiel 1: Glückwunsch zur bestandenen Prüfung

Herzlichen Glückwunsch!

Sehr geehrte Frau Muster,

Sie haben die Prüfung zur Fremdsprachenkorrespondentin mit gutem Erfolg bestanden.

Wir wissen, dass es nicht immer leicht ist, berufliche Herausforderungen und Weiterbildung unter einen Hut zu bekommen. Durch Fleiß, gutes Zeitmanagement und Engagement ist Ihnen dies hervorragend gelungen.

Für Ihre besondere Leistung erhalten Sie einen Buch-Gutschein über 100,00 EUR.

Wer rastet, der rostet! Setzen Sie Ihr neues Wissen um, und bilden Sie sich bitte auch in Zukunft weiter. Wir unterstützen Sie hierbei gerne.

Über die weitere gute Zusammenarbeit freuen wir uns.

Freundliche Grüße

Hotelreservierungen

Zur alltäglichen Arbeit einer Assistentin gehört es auch, Hotelzimmer für Veranstaltungen und Geschäftsreisen zu buchen. Damit Sie nach Abreise der Gäste keine böse Überraschung erleben, ist es wichtig, die im Vorfeld telefonisch mit dem Hotel getroffenen Vereinbarungen schriftlich zu bestätigen. Nur so können Sie vermeiden, dass Ihnen hinterher die ganze Minibar berechnet wird, weil der Gast der Meinung war, er sei eingeladen.

Achten Sie hierbei auf Folgendes:

- Das Frühstück ist nicht automatisch im Übernachtungspreis inbegriffen. Klären Sie vorab mit dem Hotel den Preis inklusive Frühstück.
- Teilen Sie dem Hotel die Rechnungsanschrift mit. So verhindern Sie, dass versehentlich der Name und die Adresse des Gastes auf der Rechnung erscheinen und Sie nachträglich eine Änderung veranlassen müssen.
- Informieren Sie das Hotel, wenn der Gast Minibar, Pay-TV, Telefongebühren und sonstige Kosten, wie zum Beispiel Saunabenutzung, bei der Abreise selbst begleicht.
- Geben Sie auf Ihrer Reservierung „Spätanreise" an, auch wenn der Gast plant, schon am frühen Nachmittag einzutreffen. Sie wissen nie, durch welchen Stau oder durch welche Terminänderung er aufgehalten wird. Viele Hotels haben in ihren allgemeinen Geschäftsbedingungen festgelegt, dass Zimmer bei Nichtanreise des

Gastes ab 18:00 Uhr weitervermietet werden können. Durch die Vereinbarung „Spätanreise" vermeiden Sie, dass Ihr Gast eine böse Überraschung erlebt, wenn er eintrifft.

▸ Wenn Ihr Gast mit dem Pkw anreist, dann vergessen Sie nicht, einen Parkplatz zu reservieren. In Großstädten ist auch der Platz in Hoteltiefgaragen sehr begrenzt, und es ist nicht schön, wenn Ihr Gast ein entfernt gelegenes Parkhaus ansteuern muss, um seinen Wagen unterzubringen. Erkundigen Sie sich auch nach den Kosten für die Garagenbenutzung.

Auf den nächsten Seiten finden Sie Muster für Ihre Zimmerreservierung. Viel Spaß beim Lesen!

Beispiel 1: Reservierung eines Zimmers, kein Parkplatz erforderlich

Zimmerreservierung – Unser Telefonat am ...

Sehr geehrte Frau Muster,

bitte reservieren Sie wie vereinbart:

Zimmertyp:	2 Einzelzimmer
Zimmerpreis:	100,00 EUR inklusive Frühstück
Anreise:	13. März 20.., Spätanreise
Abreise:	15. März 20..
Gäste:	Herr Professor Dr. Peter Schlunz
	Herr Dr. Mario Walz

Die Rechnung für Übernachtung/Frühstück senden Sie bitte an folgende Adresse:

Max Muster GmbH
Frau Marion Muster
Musterstraße 1
12345 Musterhausen

Sonstige Kosten, z. B. Minibar, Parkgebühren und Telefon, zahlen die Herren bei ihrer Abreise.

Bitte bestätigen Sie uns diese Buchung bis ... Vielen Dank!

Freundliche Grüße aus Musterhausen

Beispiel 2: Zimmerreservierung – Parkplatz erforderlich

Zimmerreservierung – Unser Telefonat am ...

Sehr geehrte Frau Maier,

vielen Dank für das angenehme Gespräch. Bitte reservieren Sie wie folgt:

Zimmertyp:	1 Doppelzimmer
Sonderwünsche:	Badewanne, Internet-Anschluss
Tiefgarage:	1 Parkplatz
Zimmerpreis:	130,00 EUR pro Nacht inklusive Frühstück
Anreise:	13. März 20..
Abreise:	15. März 20..
Gäste:	Herr Professor Dr. Peter Schlunz
	Frau Patrizia Schlunz

Herr Professor Dr. Schlunz und seine Frau reisen voraussichtlich nach 18:00 Uhr an und möchten am gleichen Abend den Wellness-Bereich nutzen. Bitte legen Sie zwei Bademäntel auf das Zimmer. Vielen Dank!

Die Rechnung für Übernachtung/Frühstück senden Sie bitte an folgende Adresse:

Max Muster GmbH
Frau Marion Muster
Musterstraße 1
12345 Musterhausen

Sonstige Kosten, z. B. Minibar, Pay-TV, Internetnutzung und Telefongebühren, zahlen die Gäste bei ihrer Abreise.

Bitte bestätigen Sie uns diese Buchung bis ..., und senden Sie uns einen Hotelprospekt zu!

Freundliche Grüße aus Musterhausen

Beispiel 3: Buchungsbestätigung für Veranstaltung

Buchungsbestätigung

Sehr geehrte Frau Muster,

vom 14. bis 16. Juni 20.. haben wir ein Korrespondenztraining geplant. Gerne bestätigen wir Ihnen unsere telefonische Buchung wie folgt:

Personenzahl:	15	
Anreise:	14. Juni 20..	
Abreise:	16. Juni 20..	
Seminarraum:	Raum Starnberg, 45 qm	inklusive
Konferenztechnik:	2 Flipcharts	inklusive
	1 Overhead-Projektor	inklusive
	3 Pinnwände mit Packpapier bespannt	30,00 EUR/Tag
	1 Moderatorenkoffer	20,00 EUR/Tag
Konferenzpauschale pro Teilnehmer:	„Rundum-Sorglos-Paket"	250,00 EUR

Das Rundum-Sorglos-Paket enthält:

Mittag- und Abendessen am ersten Tag,
Frühstück, Mittagessen und Abendessen am zweiten Tag,
Frühstück und Mittagessen am dritten Tag,
Kaffee und Tee sowie Snacks in den Pausen,
drei Softdrinks im Seminarraum pro Tag und Teilnehmer,
2 Übernachtungen in Einzelzimmern.

Die Rechnung für jeweils ein Getränk zu den Hauptmahlzeiten tragen wir. Kosten für weitere Getränke, sowie Minibar, Pay-TV, Internet- und Telefongebühren, zahlen die Teilnehmer bei ihrer Abreise.

Wie vereinbart haben wir die Möglichkeit, die Veranstaltung bis ... zu stornieren. Das Zimmerkontingent steht uns bis ... zur Verfügung.

Die Rechnung für die Konferenzpauschale, die Technik und die Zusatzgetränke schicken Sie bitte an folgende Anschrift: ...

Die Agenda mit den Pausenzeiten erhalten Sie zwei Wochen vor der Veranstaltung!

Wir sind sicher, dass sich die Teilnehmer auch diesmal in Ihrem Hause sehr wohlfühlen werden!

Freundliche Grüße aus Musterhausen

Kondolenzbriefe

Kondolenzbriefe sind nicht ganz einfach. In manchen Fällen kennen wir den Verstorbenen gut und wissen deshalb nicht, wie wir unsere Betroffenheit in Worte fassen sollen. In einigen Fällen kennen wir den Verstorbenen überhaupt nicht, oder er ist uns nur vom Sehen her bekannt.

Wenn Sie einen Kondolenzbrief schreiben, sollten Sie die folgenden Regeln beherzigen:

Regel 1

Lesen Sie die Todesanzeige genau durch.

In der Todesanzeige wird in vielen Fällen ein Hinweis auf die Todesursache gegeben. Es ist gedankenlos zu schreiben: „Der plötzliche Tod von ... macht uns sehr betroffen.", wenn aus der Anzeige hervorgeht: „Nach langer Krankheit ...".

Regel 2

Verwenden Sie einen neutralen Briefbogen ohne schwarzen Rand.

Der schwarze Rand ist laut Etikette dem Trauerhaus vorbehalten und deshalb im geschäftlichen Bereich nicht angemessen.

Regel 3

Private Kondolenzbriefe und Trauerkarten sollten Sie mit der Hand und mit Tinte schreiben.

Im Geschäftsverkehr ist dies nur erforderlich, wenn Sie eine persönliche Verbindung zu dem Verstorbenen hatten.

Regel 4

Verzichten Sie im geschäftlichen Bereich auf Bibelsprüche und religiöse Symbole.

Es ist nicht passend, einen Bibelspruch oder ein Kreuz zu verwenden, wenn man die religiöse Einstellung des Trauerhauses nicht kennt. Im Gegensatz zu Familienanzeigen sollten Sie deshalb vorsichtshalber auf Bibelsprüche und religiöse Symbole verzichten.

Kondolenzbriefe sind sehr persönliche Briefe, die auf alle Fälle individuell formuliert werden sollten. Auch wenn ich für Sie Musterbriefe erstellen würde, dann würden diese wahrscheinlich auf den jeweiligen Verstorbenen nicht zutreffen. Aus diesem Grund habe ich auf Briefmuster verzichtet und gebe Ihnen lediglich einige Mustersätze an die Hand, die Ihnen helfen sollen, bei Bedarf Ihren persönlichen Brief zu formulieren.

> **Checkliste – So bauen Sie einen Kondolenzbrief auf**
>
> Kondolenzbriefe bestehen in den meisten Fällen aus folgenden Bestandteilen:
>
> 1. Einleitende Worte
> 2. Worte der Wertschätzung (Laudatio)
> 3. Worte der Anteilnahme
> 4. Abschließende Worte

Einleitende Worte

▸ Die Nachricht vom Tod Ihrer Frau/Ihres Mannes hat mich sehr betroffen gemacht.

▸ Der plötzliche Tod Ihrer Frau/Ihres Mannes ist mir sehr nahe gegangen.

▸ Die Nachricht vom Tode Ihrer Lebensgefährtin/Ihres Lebensgefährten kam nicht unerwartet. Trotzdem trifft sie mich sehr.

▸ Der plötzliche Tod Ihrer Frau/Ihres Mannes hat mich sehr getroffen.

▸ Der unerwartete Tod Ihres Mannes/Ihrer Frau hat mich sehr erschüttert. Einen geliebten Menschen zu verlieren ist hart, vor allem dann, wenn er noch sehr jung ist.

▸ Mit Bestürzung haben wir vom plötzlichen Unfalltod Ihrer Tochter/Ihres Sohnes erfahren.

▸ Die Nachricht vom Tod Ihres Prokuristen, Herrn Peter Muster, ist für uns alle unfassbar.

▸ Es ist für uns alle unfassbar, dass Ihre kleine Tochter Mareike/kleiner Sohn Peter durch diesen schrecklichen Unfall ums Leben gekommen ist.

▸ Wir waren wie betäubt, als wir die schreckliche Nachricht vom Tod Ihrer Frau/Ihres Mannes vernahmen.

▸ Mit großer Bestürzung haben wir die Nachricht vom Tode eurer kleinen Laura/eures kleinen Jan erhalten. Wir sind voller Trauer und fühlen mit euch.

▸ Fassungslos haben wir gestern erfahren, dass Ihre Tochter Mara/Ihr Sohn Rolf durch eine kurze, aber schwere Krankheit ihr/sein Leben verloren hat.

▸ Der Verlust eines geliebten Menschen ist nicht zu ersetzen und auch nicht mit Worten zu überspielen.

Worte der Wertschätzung (Laudatio)

▸ Aus den Gesprächen mit ihr weiß ich, wie viel Sie ihr/ihm bedeutet haben. Sie waren für sie/ihn immer das Wichtigste in ihrem/seinem Leben.

▸ Aus den Gesprächen mit Ihnen weiß ich, wie viel Ihre Frau/Ihr Mann Ihnen bedeutet hat. Sie/er war für Sie der Mittelpunkt Ihres Lebens.

▸ Sie/er war für uns alle stets ein Vorbild.

▸ Wir verdanken es ihrem/seinem unermüdlichen Einsatz, dass unser Unternehmen einen solchen Aufschwung erlebte.

▸ Ich habe den Gedankenaustausch mit Ihrer Frau/Ihrem Mann sehr geschätzt. Sie/er war eine Bereicherung für jede Diskussionsrunde.

▸ Ihre Frau/Ihr Mann war mir immer eine verlässliche Ratgeberin/ein verlässlicher Ratgeber. Sie/er hat mir geholfen, so manchen schwer wiegenden Fehler zu vermeiden.

▸ Sie/er war eine Geschäftsfrau/ein Geschäftsmann mit Weitblick, persönlichem Format und einem ausgeprägten Verständnis für ihre/seine Mitarbeiter.

▸ Sie/er war eine Bereicherung für unsere Führungsmannschaft und wurde nicht nur von ihren/seinen Vorgesetzten, sondern auch von allen Mitarbeitern sehr geschätzt.

▸ Sie/er war für mich nicht nur eine Geschäftspartnerin/ein Geschäftspartner, sondern eine gute Freundin/ein guter Freund, die/den ich schätzte und der/dem ich vertraute.

▸ Sie/er war mehr als eine Kollegin/ein Kollege. Ich habe eine gute Freundin/einen guten Freund verloren.

▸ Sie/er war für mich eine Freundin/ein Freund, die/den ich sehr schätzte und auf die/den ich mich immer verlassen konnte. Sie/er war immer für mich da, wenn ich Unterstützung brauchte.

▸ Sie/er war immer eine vorbildliche Kollegin/ein vorbildlicher Kollege und eine hervorragende Ratgeberin/ein hervorragender Ratgeber in allen fachlichen Fragen.

▸ Mit unermüdlichem Einsatz hat sie/er sich stets für die Belange unserer Firma eingesetzt.

▸ Wir verdanken ihr/ihm sehr viel.

▸ Ich hatte die Ehre, zehn Jahre mit Ihrer Frau/Ihrem Mann zusammenzuarbeiten. Fast acht Jahre war sie/er meine Stellvertreterin/mein Stellvertreter. Durch ihr/sein Engagement und ihre/seine außerordentliche Einsatzbereitschaft ist es ihr/ihm gelungen, auch die schwierigsten Projekte zu einem erfolgreichen Ende zu führen.

- Sie/er war für uns eine hervorragende Vorgesetzte/ein hervorragender Vorgesetzter, die/den wir sicher sehr vermissen werden.
- Ihre/seine Mitarbeiter schätzen ihre/seine Fairness und ihren/seinen ausgeprägten Sinn für Gerechtigkeit.
- Es wird viel Zeit vergehen, die in unserem Unternehmen hinterlassene Lücke zu schließen.
- Sie/er war immer für uns da, wenn wir Hilfe brauchten.
- Sie/er hat uns oft aus der Patsche geholfen, ohne viele Worte zu machen.
- Er packte immer an, wenn Not am Mann war und sah auch schwierige Aufgaben stets als Herausforderung an.
- In Gesprächen überzeugte sie/er durch fachliche Kompetenz und innovative Ideen.
- Zum Wohle anderer stellte sie/er ihre/seine eigenen Wünsche oft zurück.
- Unnachahmlich war ihr/sein Talent, für andere da zu sein und sich selbst dabei nicht aufzugeben.
- Wir haben sie/ihn wegen ihrer/seiner feinen und unaufdringlichen Art sehr geschätzt.
- Er war ein aufgeweckter und intelligenter kleiner Junge, den wir alle in unser Herz geschlossen hatten.
- Sie/er war ein so süßes und liebenswertes Kind, das wir alle sehr vermissen werden.

Worte der Anteilnahme

- Zu Ihrem schweren Verlust sprechen wir Ihnen und Ihrer Frau/Ihrem Mann unsere Anteilnahme aus.
- Wenn wir auch Ihren Schmerz nicht lindern können, so sollen Sie doch wissen, dass wir an Sie denken und mit Ihnen fühlen.
- Wir fühlen und trauern mit Ihnen.
- Wir trauern mit Ihnen um eine beliebte Kollegin/einen beliebten Kollegen, die/den wir sicher nie vergessen werden.
- Wir trauern mit Ihnen um einen außergewöhnlichen/wertvollen/liebenswerten Menschen.
- Wir werden sie/ihn sehr vermissen.
- Ich teile mit Ihnen den Schmerz und die Trauer um Ihre Frau/Ihren Mann.

- Ich fühle mit ganzem Herzen mit Ihnen und Ihrer Familie.
- Wir werden ihr/ihm ein gutes Andenken bewahren.
- Wir werden ihr/sein Andenken in Ehren halten.
- Wir werden diesen einzigartigen Menschen nicht vergessen.
- Alle die sie/ihn kannten, können ermessen, welch großer Schmerz Sie trifft.
- Dies ist sicher: Ihre Frau/Ihr Mann wird in seinem Werk und im Andenken ihrer/seiner Freunde weiterleben.
- Sie/er bleibt stets in unserem Gedächtnis.
- Wenn Sie in dieser schweren Zeit meine Hilfe brauchen, rufen Sie mich bitte an. Ich bin gerne für Sie da.
- Mir bleibt in diesen Stunden nichts, als Ihnen meine Hilfe anzubieten. Rufen Sie mich an, wenn Sie meine Unterstützung brauchen. Ich bin gerne für Sie da.
- Falls Sie meine Hilfe benötigen, würde ich mich freuen, wenn Sie sich an mich wenden.
- Ich weiß, wie schmerzlich der Verlust ist, den du erlitten hast. Wenn du einen Freund/eine Freundin brauchst, ich bin immer für dich da.
- In Gedanken bin ich bei dir und trauere mit dir um deine Frau/deinen Mann. Du weißt, wenn du Hilfe brauchst oder einfach reden möchtest, ich bin jederzeit für dich da.
- Wir möchten euch so gerne helfen, euren Schmerz und eure Trauer zu tragen. In Gedanken sind wir bei euch. Bitte sagt uns Bescheid, wenn wir etwas für euch tun können.
- Wir hoffen, dass du die Kraft findest, diesen schmerzlichen Verlust zu überwinden; wir werden dich unterstützen, so gut wir können.
- Wir fühlen mit dir und wünschen dir die Kraft und Geduld, die du jetzt brauchst, um diesen schmerzlichen Verlust zu überwinden.

Abschließende Worte

▶ In tiefer Anteilnahme

▶ Wir fühlen und trauern mit Ihnen

▶ Ihre Marion Müller

▶ In aufrichtiger Verbundenheit

▶ Unser tief empfundenes Beileid

▶ Mit den besten Wünschen und tröstenden Gedanken

▶ Wir umarmen euch in Freundschaft

Preisanpassungen

Hierbei handelt es sich um Briefe, die niemand gerne schreibt oder erhält. So ist es wirklich eine Herausforderung, auch in diesem Fall positiv und kundenorientiert zu formulieren. Damit Sie eine Vorstellung davon bekommen, wie dies funktioniert, präsentiere ich Ihnen zunächst zwei Negativbeispiele und dann einige Positivbeispiele.

So schreibt man in der Praxis!

👎 **Negativbeispiel 1:**

Artikel 123 – 100 % Polyester-Futter

Sehr geehrte Frau Meier,

trotz hinreichender (1) Bemühungen (2) sind wir leider gezwungen (3), unseren Verkaufspreis für den oben angegebenen Futterstoff (4) ab 1. September 20.. um 4 % zu erhöhen (5).

Wir kennen selbst (6) die enge Preissituation des Marktes, aber die ständig steigenden Preise unserer Zulieferanten (7) sowie die Situation (8) des Dollars erzwingen (9) diesen Schritt, der uns sehr schwer fällt (10). Wir alle kennen die schwierige Situation auf dem Textilmarkt (11), aber wir alle müssen darauf achten, dass der Wettbewerb nicht ruinös wird.

Wir hoffen sehr auf Ihr Verständnis und versichern Ihnen, dass uns dieses Schreiben keine Freude bereitet (12), aber wir auch in Zukunft unser ganzes Engagement für einen perfekten Service einsetzen werden (13).

In diesem Sinne verbleiben wir, stets gerne für Sie beschäftigt (14),

mit freundlichen Grüßen

Analyse

(1) Was sind „hinreichende Bemühungen"?
(2) Es hat sich manch einer bemüht, geschafft hat er nichts!
(3) Sehr negativer Ausdruck! Außerdem: Wer zwingt uns denn?
(4) Es ist unsinnig, den Betreff im Briefanfang zu wiederholen. Der Empfänger weiß, worum es geht.
(5) Preise werden nicht erhöht, sondern angepasst.
(6) Wieso „selbst"?
(7) Können Sie das Jammern noch hören?
(8) Wortwiederholung: Preissituation/Situation des Dollars
(9) Sehr negativer Ausdruck. Es fällt uns nicht leicht klingt positiver als es fällt uns schwer.
(10) Besser: nicht leicht fällt!
(11) Schon wieder ein Jammersatz.
(12) Ach wirklich?
(13) Dieser Satz ist viel zu lang.
(14) Der ganze Satz ist Amtsdeutsch.

👎 **Negativbeispiel 2:**

Einkaufsbedingungen

Sehr geehrte Damen und Herren (1),

gerade in wirtschaftlich schwierigen Zeiten ist eine partnerschaftliche Zusammenarbeit wichtig, um sich auf einem umkämpften Markt zu behaupten.

Die Konzentration auf der Seite des Handels hat dazu geführt, dass immer weniger Abnehmer mit einer immer größeren Einkaufsmacht auf dem Markt sind. Einer unserer größten Kunden hat eine **Preisreduktion** (1) um 10 % **gefordert**. Um im Geschäft zu bleiben, **sind wir gezwungen** (2), dieser **Forderung** (3) nachzugeben.

Bei den heutigen Kalkulationen können wir dieser **Preisreduktion** (4) nicht alleine Rechnung tragen. Wir **sehen uns** deshalb **gezwungen** (5), unsere **Preise dementsprechend** (6) zu **erhöhen** (7). **Beiliegend** (8) erhalten Sie eine neue Preisliste, aus der Sie die ab 1. März 20.. gültigen **Preise** entnehmen.

Wir bitten Sie um Verständnis und Akzeptanz unserer Preiserhöhung und **hoffen** (9), auch in Zukunft mit Ihnen weiterhin erfolgreich zusammenzuarbeiten.

Mit freundlichen Grüßen

Analyse

(1) Ist dieses Fremdwort wirklich nötig?
(2) Floskel
(3) Wortwiederholung: gefordert – Forderung
(4) Wortwiederholung: Preisreduktion – Preisreduktion
(5) Floskel

(6) Füllwort
(7) Negative Formulierung
(8) Missverständliches Partizip
(9) Na ja, bitten und hoffen!

So sollten Sie in Zukunft schreiben!

Beispiel 1: Preiserhöhung – Brief an den Einkauf eines Unternehmens

Artikel 123 – 100 % Polyester-Futterstoffe

Sehr geehrter Herr Einkauf,

seit vielen Jahren kennen Sie uns als zuverlässigen und leistungsstarken Partner. Aus unserer langjährigen Geschäftsbeziehung wissen Sie, dass das Preis-Leistungs-Verhältnis unserer Produkte sehr gut ist.

Durch konsequente Rationalisierungsmaßnahmen und langfristige Verträge ist es uns gelungen, die Preise 5 Jahre stabil zu halten.

Bitte haben Sie Verständnis, dass durch die massive Garnpreiserhöhung und steigende Kosten für Umweltfragen nun eine Änderung notwendig ist.

Um unseren hohen Qualitätsstandard zu halten, passen wir unsere Preise ab ... um 4 % an.

Wir freuen uns darauf, Sie auch in Zukunft mit unseren hochwertigen Produkten zu beliefern.

Auf weitere gute Zusammenarbeit!

Freundliche Grüße aus Musterhausen

Beispiel 2: Preiserhöhung – Brief an eine Abonnentin der Zeitschrift Geo

Vielen Dank für Ihr Interesse an unserem Magazin!

Guten Tag Frau Grünwald,

mit unseren Reportagen sind wir immer am Puls der Zeit. Sie erfahren von uns aus erster Hand die aktuellen Geschehnisse und Entwicklungen von Afghanistan bis Zaire. Unsere Bildberichterstattung beeindruckt durch außergewöhnliche und preisgekrönte Aufnahmen.

In den vergangenen Jahren ist es uns gelungen, den Preis für Geo konstant zu halten. Da wir jedoch auch in Zukunft auf die Berichterstattung aus den entlegensten Ecken der Welt großen Wert legen, passen wir den Preis um 5 % an. Ihr Jahresabonnement kostet ab diesem Zeitpunkt ... EUR.

In der Novemberausgabe finden Sie einen Exklusivbericht von der soeben beendeten Forschungsreise zu den Eismumien von Tibet.

Viel Spaß bei Ihrem nächsten Abenteuer mit unserem Geo-Magazin.

Freundliche Grüße aus Musterhausen

Beispiel 3: Brief an einen Versicherungsnehmer

Ihre Hausratsversicherung – Police Nr. 123

Sehr geehrter Herr Muster,

seit vielen Jahren sind Sie bei uns versichert. Herzlichen Dank für Ihr Vertrauen.

Es ist unsere Philosophie, Ihnen einen hervorragenden Schutz und einen guten Service zu einem fairen Preis anzubieten. So ist es uns in den letzten Jahren gelungen, Ihre Versicherungsprämie konstant zu halten.

Damit wir Ihnen auch in Zukunft einen hohen Qualitätsstandard und einen erstklassigen Service anbieten können, kommen wir nicht umhin, Ihren Jahresbeitrag um 3 % anzupassen. Bitte haben Sie hierfür Verständnis. Ab Januar 20.. investieren Sie ... EUR im Jahr für die Absicherung Ihres Hausrats.

Unser engagierter Außendienst steht Ihnen auch in Zukunft mit Rat und Tat zu Seite und beantwortet gerne Ihre Fragen.

Freundliche Grüße aus Musterhausen

Terminzusagen und -bestätigungen

Oft kommt es bei telefonischen Terminvereinbarungen zu Missverständnissen und Hörfehlern. Um diese in Zukunft auszuschließen, empfehle ich Ihnen, alle mündlich vereinbarten Termine schriftlich zu bestätigen. Auch bei diesem Brieftyp sollten Sie auf langweilige und abgegriffene Wendungen verzichten. Bringen Sie etwas Pepp in Ihre Korrespondenz, und formulieren Sie ruhig etwas kreativer und origineller. Sie werden sehen, dass die Resonanz der Empfänger sehr positiv ist.

Negativbeispiel aus der Praxis:

Terminbestätigung

Sehr geehrter Herr Muster,

hiermit (1) bestätigen wir Ihnen unseren Termin am ... um 10:00 Uhr.

An dem Gespräch werden unser Vertriebsleiter, Herr Meier und unser Außendienstleiter, Herr Müller teilnehmen.

Beiliegend erhalten Sie (2) unsere Wegbeschreibung. Wir wünschen Ihnen eine angenehme Anreise!

Mit freundlichen Grüßen

Analyse

(1) Womit denn sonst?
(2) Missverständliches Partizip

Diese Terminbestätigung erfüllt zwar ihre Funktion, ist jedoch sehr langweilig und einfallslos formuliert. Haben Sie den Mut, etwas abwechslungsreicher zu texten! Wie das geht, zeige ich Ihnen in den folgenden Beispielen.

Musterbriefe Terminzusagen und -bestätigungen

Beispiel 1: Einladung zur Messe – Zusage und Terminbestätigung

Gerne besuche ich Ihren Stand auf der Frankfurter Buchmesse!

Sehr geehrter Herr Muster,

vielen Dank für die nette Einladung. Ihr Angebot für ein individuelles Beratungsgespräch nehme ich gerne an. Wie telefonisch vereinbart werde ich

am Montag, 10. Oktober 20..
um 10:00 Uhr

zur Stelle sein. Bitte planen Sie für den Termin eine Stunde ein.

Ich freue mich darauf, Sie persönlich kennen zu lernen und bin schon gespannt auf Ihre neue Produktpalette.

Freundliche Grüße nach Musterhausen

Beispiel 2: Zusage für einen Vortrag – Kongress Internationales Qualitätsmanagement

Gerne nehme ich diese Herausforderung an!

Sehr geehrter Herr Dr. Weisenstein,

vielen Dank für Ihre Einladung. Ich freue mich sehr, dass Sie mich als Redner für das hochinteressante Thema „Qualitätsmanagement – heute und morgen" vorgesehen haben.

Den Termin

Montag, 8. August 20.., 10:00 – 11:00 Uhr
im Hotel Schwarzer Bock, Wasserweg 1, 12345 Musterhausen

habe ich mir notiert.

Bitte stellen Sie im Tagungsraum einen Beamer, ein Flipchart und ein Mikrofon bereit.

Ich freue mich sehr auf die Veranstaltung.

Freundliche Grüße nach Musterhausen

Beispiel 3: Anmeldung zum Seminar

Seminar „Erfolgreiche Sekretariatsführung von A – Z"

Guten Tag Frau Muster,

Ihr Prospekt hat mein Interesse geweckt. Die Themen hören sich sehr vielversprechend an, und ich bin sicher, dass ich eine Menge dazulernen kann.

Gerne melde ich mich für folgende Veranstaltung an:

Termin: 15. – 17. November 20..
Ort: Dorint Hotel, Mainz
Preis: ... EUR zuzüglich Mehrwertsteuer

Bitte reservieren Sie mir ein Zimmer im Seminarhotel:

Anreise: 14. November 20.., Spätanreise
Abreise: 17. November 20..
Preis: ... EUR pro Übernachtung inklusive Frühstück

Damit ich den schnellsten Weg einschlagen kann, senden Sie mir bitte eine Wegbeschreibung und einen Hotelprospekt zu. Herzlichen Dank!

Ich freue mich auf ein erfolgreiches Seminar mit vielen Tipps für die Praxis.

Freundliche Grüße nach Wiesbaden

Beispiel 4: Terminbestätigung für Seminar

Seminar „Erfolgreiche Sekretariatsführung von A – Z" vom 15. – 17. Nov. 20..

Guten Tag Frau Muster,

vielen Dank für Ihre Anmeldung.

Gerne haben wir ein Hotelzimmer für Sie gebucht:

Anreise: 14. November 20.., Spätanreise
Abreise: 17. November 20..
Preis: ... EUR pro Übernachtung inklusive Frühstück

Bitte begleichen Sie die Übernachtungskosten zuzüglich Extras bei Ihrer Abreise.

Unsere Referentin, Frau Sauer, freut sich darauf Sie kennen zu lernen. Damit sie Ihre individuellen Wünsche und Anforderungen berücksichtigen kann, senden Sie uns bitte den beigefügten Fragebogen bis ... zurück.

Wir wünschen Ihnen ein erfolgreiches, praxisorientiertes Seminar!

Freundliche Grüße nach Musterhausen

Anlagen
Hotelprospekt
Wegbeschreibung
Fragebogen

Beispiel 5: Terminbestätigung für ein Seminar

Lernen ist wie Rudern gegen den Strom! Hört man damit auf, wird man zurückgetrieben. (Benjamin Britten)

Guten Tag Frau Muster,

das kann Ihnen nicht passieren, denn Sie haben sich entschieden weiterzurudern. Vielen Dank für Ihre Anmeldung zum Seminar „Moderne Korrespondenz" vom ... bis ...

Wie gewünscht haben wir Ihnen ein Zimmer im Maritim Hotel in Düsseldorf reserviert.

Anreise: 14. November 20..
Abreise: 17. November 20..
Preis: 100,00 EUR/Nacht

Ihre Hotelrechnung zuzüglich Extras begleichen Sie bitte bei Ihrer Abreise.

Damit sich die Referentin, Frau Muster, optimal auf Ihre Wünsche und Anforderungen einstellen kann, erhalten Sie einen Fragebogen. Bitte senden Sie uns diesen bis ... zurück. Vielen Dank.

Wir wünschen Ihnen ein informatives Seminar und einen konstruktiven Gedankenaustausch mit Ihren Kolleginnen.

Freundliche Grüße nach Musterhausen

Beispiel 6: Terminbestätigung für Präsentation beim Kunden

Gerne nutzen wir die Chance, Ihnen unsere Software zu präsentieren!

Guten Tag, Herr Muster,

vielen Dank für Ihre Einladung. Wie vereinbart komme ich

am 5. Februar 20..
um 10:00 Uhr

zu Ihnen, um unser Programm XYZ vorzustellen.

Unser Chefprogrammierer, Herr Marco Einfallsreich, wird mich begleiten. Die Präsentation dauert circa 30 Minuten. Anschließend beantworten wir gerne Ihre Fragen.

Wir freuen uns darauf, Sie zu beraten.

Freundliche Grüße aus Musterdorf

Beispiel 7: Terminbestätigung Geschäftsessen

Guten Tag Herr Muster,

schön, dass wir so schnell einen Termin gefunden haben. Ich freue mich darauf, dass wir bei einem guten Essen die Einzelheiten unseres Vertrags besprechen können.

Wie verabredet sehen wir uns im

„Da Mario", An der Krummen Lanke 5 in Berlin
am 15. Okober 20..
um 18:00 Uhr.

Das Restaurant ist ganz in der Nähe Ihres Hotels, und das Essen dort ist wirklich ganz ausgezeichnet. Selbstverständlich sind Sie unser Gast.

Wenn Sie jemanden mitbringen möchten, gern! Ich habe einen Tisch für 4 Personen reserviert. Unser Chefprogrammierer, Herr Peter Ehrlich, wird mich begleiten.

Auf einen gemütlichen und gleichzeitig erfolgreichen Abend!

Mit besten Grüßen

Beispiel 8: Zusage Einladung zum 50. Geburtstag

Lieber Herr Muster,

runde Geburtstage sollte man wirklich gebührend feiern. Ich freue mich, dass ich an diesem Tag Ihr Gast sein darf.

Gerne nehme ich an dem Empfang

am ...
um 18:00 Uhr

teil, um meine Glückwünsche persönlich zu überbringen und mit Ihnen auf die nächsten Jahre anzustoßen.

Mit besten Grüßen

Beispiel 9: Termin am Rande einer Tagung

Schön, dass Sie Zeit für ein Gespräch haben!

Sehr geehrte Frau Meisner,

ich freue mich darauf, Sie bei der Qualitätsmanagement-Tagung in Bonn zu sehen. Die Referenten sind auch dieses Jahr sehr hochkarätig, und wir werden sicher viele interessante Anregungen bekommen.

Auf Ihren Vorschlag, den Abend zu nutzen, um über unser neues Projekt zu sprechen, gehe ich gerne ein. Wie vereinbart treffen wir uns

am 18. August 20..
um 19:00 Uhr
im Foyer des Dorint Hotels in Bonn.

Ich kenne eine gutes Spezialitätenrestaurant ganz in der Nähe. Dort können wir in Ruhe alles besprechen. Selbstverständlich sind Sie mein Gast.

Auf ein konstruktives Gespräch!

Herzliche Grüße

Weihnachten und Neujahr

Es ist Tradition geworden, Freunden, Bekannten und Geschäftspartnern zu Weihnachten gute Wünsche zu senden und so alte Kontakte aufzufrischen oder bestehende Geschäftsbeziehungen zu festigen. Damit Ihre Grüße in der Flut von Weihnachtskarten positiv auffallen, sollten sie sich aus der breiten Masse hervorheben.

Vorgedruckte Karten mit einer lieblosen Unterschrift, die man nicht einmal lesen kann, landen oft schnell im Papierkorb. Schreiben Sie deshalb ein paar persönliche Worte mit Hand und Füllfederhalter auf die Karte. So stellen Sie sicher, dass Ihr Gruß nicht in der Flut von Standardschreiben untergeht.

Weihnachtsbrief statt vorgedruckte Karte

Auch wenn ein solcher Gruß viel Zeit kostet, ist er bei wichtigen Geschäftspartnern durchaus zu empfehlen. Nutzen Sie die Gelegenheit, sich für die gute Zusammenarbeit zu bedanken! Wenn Ihr Unternehmen sich entscheidet, auf Weihnachtsgeschenke zu verzichten und stattdessen für einen wohltätigen Zweck zu spenden, dann erwähnen Sie bitte im Brief den Namen der Organisation und den Verwendungszweck. Wenn Sie so vorgehen, stoßen Sie sicher auf große Akzeptanz. Ein kleiner Aufdruck auf der Rückseite einer Weihnachtskarte wird oft übersehen.

Zitate

Falls Sie als Betreff oder Einstieg ein Zitat verwenden, dann achten Sie darauf, dass Sie im Brief einen Bezug zu diesem Zitat herstellen. Geeignete Sprüche finden Sie im Internet unter www.zitate.de oder www.aphorismen.de. Nennen Sie immer den geistigen Vater des von Ihnen gewählten Spruches. Wenn dies nicht möglich ist, dann geben Sie an, dass der Autor unbekannt ist.

Religion des Empfängers

Weihnachten ist ein christliches Fest. Beachten Sie dies, wenn Sie an Adressaten im In- und Ausland schreiben, die einer anderen Religion angehören. Es ist nicht sehr stilvoll, einem Moslem ein frohes Weihnachtsfest zu wünschen.

Textbausteine für Ihre Weihnachtskarten

Kurze neutral gehaltene Wünsche

- Wir wünschen Ihnen ein frohes Weihnachtsfest, einen geruhsamen Jahresausklang, viel Erfolg und vor allem Gesundheit im neuen Jahr!
- Besinnliche, geruhsame Weihnachtstage, Gesundheit, Zufriedenheit und viel Erfolg im neuen Jahr wünscht Ihnen ...
- Ein besinnliches Weihnachtsfest und einen geruhsamen Jahresausklang wünscht Ihnen ...
- Wir wünschen Ihnen fröhliche und erholsame Weihnachtstage.
- Im neuen Jahr sollen alle Ihre Vorhaben gelingen, beruflich wie privat.
- Wir wünschen Ihnen die Kraft, Begonnenes zu vollenden; die Zuversicht, Neues zu beginnen, und dazu Glück, Gesundheit und Erfolg für ...
- Wir freuen uns auf die weitere gute Zusammenarbeit im neuen Jahr und wünschen Ihnen alles Gute.
- Ihnen und Ihrer Familie wünsche ich frohe und unbeschwerte Festtage, eine Zeit der Ruhe und Erholung und Gesundheit und Erfolg im neuen Jahr.
- Für das kommende Jahr wünsche ich Ihnen nur wenig: wenig Ärger, wenig Überflüssiges, wenig Unsympathisches, wenig Unzufriedenheit, wenig Pannen.
- Wir wünschen Ihnen ein geruhsames Weihnachtsfest und viel Glück und Erfolg im neuen Jahr!

Gute Wünsche und Dank

▸ Vielen Dank für ein weiteres Jahr guter Partnerschaft. Lassen Sie uns das neue Jahr mit Optimismus angehen. Doch bis dahin genießen Sie erst einmal die wohlverdiente Atempause, die uns der Jahreswechsel bringt. Wir wünschen Ihnen von ganzem Herzen frohe Festtage und viel Gesundheit und Erfolg im neuen Jahr.

▸ Herzlichen Dank für die wie immer sehr gute Zusammenarbeit im Jahr .... Wir wünschen Ihnen und Ihren Mitarbeitern ein frohes Weihnachtsfest, ein erfolgreiches neues Jahr und freuen uns schon heute darauf, auch in Zukunft weitere interessante Projekte mit Ihnen zu realisieren.

▸ Ein herzliches Dankeschön für die hervorragende Zusammenarbeit im vergangenen Jahr. Wir freuen uns auf ein gemeinsames und erfolgreiches neues Jahr.

▸ Danke
für ein weiteres Jahr vertrauensvoller Zusammenarbeit,
für Geduld und Verständnis bei schwierigen Aufgaben,
für viele gute Tipps, Anregungen und innovative Ideen.

Wir wünschen Ihnen und Ihren Mitarbeitern geruhsame Weihnachtstage und einen erfolgreichen Start ins neue Jahr!

▸ Ein herzliches DANKESCHÖN sagen wir Ihnen heute

– für die stets angenehme Geschäftsbeziehung,
– für die harmonische Zusammenarbeit,
– für Ihr großes Vertrauen, das Sie uns nun schon seit vielen Jahren schenken.

Wir wünschen Ihnen und Ihren Mitarbeitern erholsame Feiertage und ein gesundes, erfolgreiches neues Jahr.

▸ Wir wünschen Ihnen ein frohes, erholsames Weihnachtsfest und einen erfolgreichen Start ins neue Jahr. Vielen Dank für die wie immer gute und erfolgreiche Zusammenarbeit im Jahr 20...

▸ Auch das Jahr 20.. soll nicht zu Ende gehen, ohne dass wir Ihnen unseren Dank und unsere besten Wünsche übermitteln. Wir freuen uns schon heute auf die weitere hervorragende Zusammenarbeit im Jahr 20...

▸ Heute ist der Tag, Ihnen Danke zu sagen für die wie immer hervorragende Zusammenarbeit im vergangenen Jahr.

▸ Wir wünschen Ihnen und Ihren Mitarbeitern erholsame Festtage und einen guten Start ins Jahr 20..

▸ Zum Jahresende danken wir Ihnen für die hervorragende Zusammenarbeit im vergangenen Jahr. Für 20.. haben wir viele interessante Projekte geplant und freuen uns schon heute auf Ihre Anregungen und Ideen.

Zitate für den gelungenen Einstieg

Erst in der letzten Minute des Jahres merkt man, wie viele Tage ein Jahr hat!
(Carlo Schmidt)

Viele Menschen versäumen das kleine Glück, weil sie auf das große vergeblich warten.
(Pearl S. Buck)

Weihnachten ist ein Fest der Freude. Leider wird dabei zu wenig gelacht.
(Jean-Paul Sartre)

Weihnachten – Es war immer mein schönstes Fest. *(Theodor Storm)*

Das Beste sollte nie hinter uns, sondern immer vor uns liegen. *(Bertrand Russel)*

Weihnachten ist der Höhepunkt des Christenjahres, denn an Weihnachten hat der Heiland den Einzelhandel gerettet. *(Dieter Nuhr, deutscher Kabarettist)*

Das ist das Vertrackte an Weihnachten: Über den Weihnachtsmarkt zu laufen macht so glücklich, dass es am Ende sogar Spaß macht, Geld auszugeben. *(Janine Weger, deutsche Aphoristikerin)*

Eine Kerze abbrennen lassen und sich wirklich einmal Zeit dazu nehmen, gar nichts weiter zu tun als dieses. *(Autor unbekannt)*

Die Gans zum Pfarrer: „Bitte sagen Sie mir die Wahrheit; gibt es ein Leben nach Weihnachten?" *(Autor unbekannt)*

Wir sollten – ist doch wahr –
zu Weihnachten der Ruhe pflegen,
um uns im neuen Jahr
nur noch halb so viel aufzuregen.
(Karl-Heinz Söhler, deutscher Versicherungskaufmann und Dichter)

Wenn's alte Jahr erfolgreich war, dann freue dich aufs Neue
Und war's schlecht, dann erst recht! *(Karl-Heinz Söhler, deutscher Versicherungskaufmann und Dichter)*

Zahlungserinnerungen und Mahnungen

Es kommt vor, dass der Kunde die Rechnung verlegt oder überhaupt nicht erhalten hat, weil sie in der Post verloren gegangen ist. In diesen Fällen führt eine freundliche Zahlungserinnerung meist schnell zum Erfolg.

Nicht immer jedoch ist der Kunde zahlungswillig. In diesem Fall ist eine freundliche, aber bestimmte Mahnung sinnvoll.

Effektive Mahnungen sichern die Liquidität

Die Zahlungsmoral ist momentan nicht sehr gut. Oft haben wir es mit Kunden zu tun, die sich sehr lange Zeit lassen, bevor sie unsere Rechnungen begleichen. Immer öfter geraten kleine und mittlere Unternehmen durch die schlechte Zahlungsmoral ihrer Kunden in finanzielle Schwierigkeiten. Entwickeln Sie deshalb ein effektives Mahnverfahren, um schnell an Ihr Geld zu kommen

Was Sie über das Mahnwesen wissen sollten:

1. Vorbeugen ist besser als heilen

Holen Sie bei großen Aufträgen eine Bankauskunft ein, oder lassen Sie sich von Ihrem Kunden Referenzen geben. Wenn Sie keine zufrieden stellende Auskunft erhalten, ist es manchmal besser, auf das Geschäft als hinterher auf die Bezahlung zu verzichten. Sie kennen sicherlich den Spruch: Einem nackten Mann kann man nicht in die Tasche greifen! Holen Sie deshalb bei Neukunden grundsätzlich Erkundigungen ein.

2. Wenn die Zahlung dann doch ausbleibt!

Wenn kein Zahlungsziel vereinbart wurde, sind Zahlungen sofort fällig.

In den meisten Fällen wird das Zahlungsziel im Angebot angegeben, was auch durchaus sinnvoll ist. Damit Sie Ihre Zahlung rechtzeitig erhalten, geben Sie dieses bitte in der Rechnung an. So können Sie Missverständnisse ausschließen.

Ist in Angebot und Auftragsbestätigung kein Zahlungsziel genannt, so tritt nach § 284 BGB 30 Tage nach Fälligkeit und Zugang der Rechnung Zahlungsverzug ein. Dies gilt auch, wenn in der Rechnung **kein** Kalenderdatum für die Zahlung angegeben ist.

Erleichtern Sie Ihrem Kunden die Überweisung, indem Sie Ihre Bankverbindung auf der Rechnung und auf den Mahnungen angeben. Wenn es möglich ist, fügen Sie Ihren Rechnungen ausgefüllte Überweisungsträger bei, das führt manchmal zu einer rascheren Überweisung.

Mahnen Sie höchstens dreimal:

1. Mahnung: Freundliche Erinnerung

2. Mahnung: Zahlungsaufforderung mit Hinweis auf rechtliche Schritte.

3. Mahnung: Letzte Mahnung mit einer Frist, in der die Angelegenheit noch außergerichtlich geregelt werden kann, bevor Sie das Mahnverfahren einleiten ...

Nach der 3. Mahnung können Sie entweder einen gerichtlichen Mahnbescheid beantragen oder ein Inkassobüro beauftragen.

Bevor Sie dies tun, machen Sie vorsichtshalber eine Kosten-Nutzen-Rechnung. Beachten Sie hierbei die juristische Faustregel: „Man soll schlechtem Geld kein gutes hinterherwerfen!" Ein Mahnverfahren lohnt sich in der Regel nur, wenn Aussicht auf Erfolg besteht. Wenn Sie aus sicherer Quelle wissen, dass bei diesem Kunden nichts mehr zu holen ist, dann überlegen Sie sich, ob es Sinn macht, weitere Zeit und Geld zu investieren.

Mahnen, nicht drohen!

Manche Unternehmen schreiben keine Zahlungserinnerungen, sondern Drohbriefe. Bitte beachten Sie, dass gute Kunden über ein solches Verhalten verärgert sind und manchmal trotzig reagieren. Erst letzte Woche meinte einer meiner Seminarteilnehmer: „Wenn mir jemand komisch kommt oder mir gar droht, dann reagiere ich stur!" Vermeiden Sie deshalb Briefe mit folgendem Tenor:

Negativbeispiel 1:

2. Mahnung

Sehr geehrte Damen und Herren,

zu unserem großen Bedauern mussten wir feststellen (1), dass Sie Ihren Zahlungsverpflichtungen bis heute nicht nachgekommen sind und dass Sie auf unser freundlich gemeintes Erinnerungsschreiben (2) nicht reagiert haben.

Letztmalig geben wir Ihnen die Gelegenheit (3), den schon längst fälligen (4) Gesamtbetrag zuzüglich (5) Verzugsgebühren und Mahnkosten auf unser u. a. (6) Konto zu überweisen.

Bitte tragen Sie Sorge dafür (7), dass der Betrag bis zum (8)... auf unserem Konto eingeht. Sonst sehen wir uns gezwungen, ein Mahnverfahren gegen Sie einzuleiten (9).

Hochachtungsvoll (10)

Analyse

(1) altertümlicher Einleitungssatz
(2) „freundlich gemeintes Erinnerungsschreiben" – wahrscheinlich unfreundlich geschrieben, aber trotzdem freundlich gemeint!
(3) „letztmalig" – Pistole auf die Brust
(4) überflüssige Floskel
(5) besser: sowie
(6) besser: Bankverbindung angeben
(7) altertümlicher Ausdruck
(8) „zum" ist ein überflüssiges Wort
(9) massive Drohung
(10) veralteter, lächerlicher Gruß

Verbesserte Version:

Unsere Rechnung Nr. 123 vom ...

Sehr geehrter Herr Maier,

auf unsere Erinnerung vom ... haben Sie nicht reagiert. Wir kennen Sie als zuverlässigen Geschäftspartner und können uns nicht erklären, weshalb Ihre Zahlung diesmal ausbleibt.

Bitte setzen Sie sich mit uns in Verbindung, oder überweisen Sie den Betrag von ... € bis ...

Unsere Bankverbindungen:

Sparkasse Musterdorf
Kontonummer: 12 345 678
Bankleitzahl: 123 100 47

Postbank Musterdorf
Kontonummer: 23 456 789
Bankleitzahl: 345 100 48

Herzlichen Dank!

Freundliche Grüße

Negativbeispiel 2:

2. Mahnung – Unsere Rechnung Nr. 123 vom ...

Sehr geehrte Damen und Herren,

bei Durchsicht unserer Unterlagen (1) mussten (2) wir leider (3) feststellen, dass Sie die o. g. Rechnung (4) noch nicht beglichen haben (5) und Sie auf unsere Zahlungserinnerung, in der wir Sie auf die offenen Beträge ausdrücklich hingewiesen haben (6), nicht reagiert haben.

Bitte haben Sie Verständnis, dass wir heute nochmals um pünktliche Zahlung (7) bitten müssen (8), denn unsere eng kalkulierten Preise lassen keine weitere Überschreitung des Zahlungszieles zu.

Wir erwarten nun umgehend (9) den Zahlungseingang bis ...

Mit freundlichen Grüßen

Analyse

(1) veraltetes Ärmelschonerdeutsch!
(2) überflüssige Negativformulierung
(3) überflüssige Negativformulierung
(4) Das steht schon im Betreff.
(5) Der Satz sollte hier enden!
(6) überflüssiger Nebensatz
(7) Widerspruch: Pünktlich kann der Kunde gar nicht mehr zahlen.
(8) überflüssige Negativformulierung
(9) entweder umgehend oder bis ...

Moderne, zeitgemäße Formulierungen für Ihre Mahnbriefe finden Sie in meinen Mustertexten in diesem Kapitel.

Verzichten Sie auf Amtsdeutsch und Floskeln!

Streichen Sie folgende Amtsdeutschfloskeln aus Ihrer Korrespondenz:

▶ *Zu unserem **großen Bedauern mussten** wir feststellen, dass ...*

▶ *Bedauerlicherweise **sehen wir uns gezwungen** ...*

Wer zwingt Sie denn?

▶ ***Sicherlich** ist Ihrer **Aufmerksamkeit entgangen**, dass ...*

Altertümliche Floskel, die dem Empfänger **unterstellt**, dass er die Rechnung übersehen hat.

▶ *Sicherlich haben Sie unsere Rechnung Nr. 123 vom ... übersehen*

Auch hierbei handelt es sich um eine Unterstellung.

▶ **Sollten** *Sie den Betrag bereits überwiesen haben, betrachten Sie dieses Schreiben bitte als* **gegenstandslos**.

Jeder Kaufmann weiß, dass er eine Mahnung in den Papierkorb werfen darf, wenn er den Betrag bereits überwiesen hat. Er weiß auch, dass sich Erinnerung und Zahlungseingang überschneiden können. Der Satz ist deshalb überflüssig.

Zahlungserinnerungen – Mustertexte

Beispiel 1: 1. Mahnung = Freundliche Zahlungserinnerung

Ihr Auftrag Nr. 123 vom ...,
Rechnung Nr. 123 vom ...

Sehr geehrte Frau Muster

am ... erhielten Sie von uns den Staubsauger „Superboy". Wir haben Ihren Auftrag zuverlässig und pünktlich ausgeführt. Bis heute haben wir jedoch keine Zahlung von Ihnen erhalten.

Bitte überweisen Sie den Betrag von ... bis ... auf eines unserer Konten.

Unsere Bankverbindungen:

Sparkasse Musterdorf   Postbank Musterdorf
Kontonummer: 12 345 678   Kontonummer: 23 456 789
Bankleitzahl: 123 100 47   Bankleitzahl: 345 100 48

Vielen Dank und freundliche Grüße

Beispiel 2: 1. Zahlungserinnerung

Ihr Auftrag Nr. 123 vom ...,
unsere Rechnung Nr. 123 vom ..

Sehr geehrter Herr Muster,

Ihren Auftrag haben wir gerne, schnell und pünktlich ausgeführt. Da uns keine Reklamation vorliegt, gehen wir davon aus, dass Sie mit unserer Lieferung zufrieden sind.

Bitte überweisen Sie den Betrag von ... bis ... auf eines unserer Konten.

Sparkasse Musterdorf   Postbank Musterdorf
Kontonummer: 12 345 678   Kontonummer: 23 456 789
Bankleitzahl: 123 100 47   Bankleitzahl: 345 100 48

Herzlichen Dank!

Freundliche Grüße aus Musterdorf

Beispiel 3: Ausgefallene Mahnung

Zahlungserinnerung
Unsere Rechnung Nr. 123 vom ...

Sehr geehrte Frau Mustermann,

es gibt mehrere Möglichkeiten, weshalb wir Ihre Zahlung bis heute nicht erhalten haben:

1. Sie haben unsere Rechnung pünktlich beglichen, und wir können Ihre Zahlung nicht zuordnen. Dann senden Sie doch bitte eine Kopie des Überweisungsbelegs an die Faxnummer 06028 996071.
2. Eventuell haben Sie noch eine Frage zur Lieferung oder sind mit Ihrem neuen Videorekorder nicht 100-prozentig zufrieden. Dann rufen Sie bitte Herrn Lange an, er hilft Ihnen gerne. Sie erreichen ihn unter der Telefonnummer 06028 996370.
3. Sie sind bisher nicht dazu gekommen, unsere Rechnung zu begleichen? In diesem Fall bitten wir Sie, den Betrag bis spätestens 28. Januar .... zu überweisen.

Herzlichen Dank und freundliche Grüße

Beispiel 4: Kurze 2. Mahnung

2. Mahnung
Unsere Rechnung Nr. 123 vom ...

Sehr geehrte Frau Muster,

bis heute haben Sie auf unsere Zahlungserinnerung vom ... nicht reagiert.

Bitte überweisen Sie den Betrag vom ... bis ... auf unser Konto Nr. 123.

So können Sie verhindern, dass wir rechtliche Schritte einleiten und Ihnen weitere Kosten entstehen.

Freundliche Grüße

Beispiel 5: 2. Mahnung

2. Mahnung
Unsere Rechnung Nr. 123 vom ...

Sehr geehrte Frau Muster,

auf unsere Zahlungserinnerung vom ... haben Sie nicht reagiert. Bis heute ist der Betrag von ... nicht auf unseren Konten eingegangen.

Vielleicht konnten wir Ihre Zahlung nicht zuordnen, oder Sie sind mit unserer Lieferung nicht zufrieden? Dann rufen Sie bitte **noch heute** Frau Marie Müller, Telefonnummer 06028 9963-70, an.

Wenn Sie mit unserer Lieferung zufrieden waren, dann überweisen Sie bitte den Betrag von ... bis ... auf eines unserer Konten.

Sparkasse Musterdorf   Postbank Musterdorf
Kontonummer: 12 345 678   Kontonummer: 23 456 789
Bankleitzahl: 123 100 47   Bankleitzahl: 345 100 48

So können Sie verhindern, dass wir rechtliche Schritte einleiten und Ihnen weitere Kosten entstehen.

Freundliche Grüße aus Musterdorf

Beispiel 6: 3. Mahnung (sehr kundenorientiert)

3. Mahnung
Rechnung Nr. 123 vom ...

Sehr geehrter Herr Muster,

auf unsere Erinnerungen vom ... und ... haben Sie nicht reagiert.

Wir schätzen Sie als guten Kunden und möchten gern auch in Zukunft mit Ihnen zusammenarbeiten.

Bitte überweisen Sie deshalb den Betrag von ... bis .. auf unser Konto Nr. 123. So können Sie verhindern, dass wir rechtliche Schritte einleiten und Ihnen weitere Kosten entstehen.

Auf die weitere gute Geschäftsbeziehung mit Ihnen freuen wir uns!

Freundliche Grüße

Beispiel 7: 3. Mahnung (etwas deutlicher als Beispiel 6)

3. Mahnung
Rechnung Nr. 123 vom ...

Sehr geehrter Herr Muster,

auf unsere Erinnerungen vom ... und ... haben Sie nicht reagiert. Bevor wir rechtliche Schritte einleiten, geben wir Ihnen eine letzte Chance, den Rechnungsbetrag von ... zu begleichen.

Bitte nutzen Sie die Frist bis ..., um die Angelegenheit außergerichtlich zu regeln. Sie erhalten eine Kopie der Rechnung und eine vorbereitete Überweisung.

Freundliche Grüße

PS: Wenn Sie Fragen haben oder weitere Informationen brauchen, rufen Sie uns an. Herr Markus Schlau, Telefonnummer 06028 996370, hilft Ihnen gerne.

Literaturverzeichnis

Böhler, Gerhild/Klumpp, Susanne: *Kundenorientierter Stil für jeden Geschäftsbrief,* Max Schimmel Verlag, Würzburg, 1997

Deppe/Knaur: *Texte formulieren und gestalten,* U-Form-Verlag, Solingen, 1992

DIN 5008, Beuth Verlag, Berlin

DIN 676, Beuth Verlag, Berlin

Grün, Karl: *Der Geschäftsbrief,* Beuth Verlag, 2002

Leicher, Rolf: *Vom guten zum besseren Geschäftsbrief,* Sauer Verlag, Heidelberg, 1989

Manekeller, Frank: *DIN 5008 von A - Z,* Heckners Verlag, Neusäss, 1996

Manekeller, Frank/Manekeller, Wolfgang: *Briefe schreibt man heute so*, Holzmann Buchverlag, Bad Wörishofen, 1995

Manekeller, Wolfgang: *Briefe richtig und erfolgreich,* Gondom Verlag, Bindlach, 1990

Manekeller, Wolfgang: *So schreibt man Geschäftsbriefe,* Humboldt-Taschenbuchverlag Jacobi KG, München, 1991

Mielow-Weidmann, Ute/Weidmann, Paul: *Textformulierung für Sekretärinnen,* Gabler Verlag, Wiesbaden, 1995

Sturtz, Peter/Dittmann, Jürgen: *Schreiben, ansprechen, überzeugen,* WRS Verlag, 1999

Prinze-Wimmer, Doris: *Korrespondenztraining,* expert-Verlag, Remingen, 1994

Waize/Haestaedt: *Alles über DIN 5008,* Heckners Verlag, Neusäss, 1996

Widmann, Gerhard: *Die neuen Rechtschreibregeln,* Adolf Hauschka Verlag, 1996

Wurm, Christiane: *Die erfolgreichsten Geschäftsbriefe,* Gabler Verlag, Dezember 2002

Stichwortverzeichnis

Abkürzungen 29
Absagen 119
    an Bewerber 119
    an Lieferanten 126
Absätze 33
Abschnitte 33
Absender 34
Adelstitel 39
Adjektive, überflüssige 83
Akronyme 32
Aktiv 108
Amtsbezeichnungen 46, 53
Amtsdeutsch 96, 108, 203
Anführungszeichen 35, 66
Angebote 133
Angelegenheit 100
angesichts 100
Anlagen 35
Anlagenvermerk 36
anlässlich 101
Anliegen 101
anliegend 101
Anrede 36
Anschriftfeld 42
Appell 27
Ärmelschonerdeutsch 96, 100
    Angelegenheit 100
    angesichts 100
    anlässlich 101
    Anliegen 101
    anliegend 101
    aus gegebenem Anlass 101
    baldmöglichst 102
    beinhalten 102
    bekannt geben 102
    Bescheid 102
    bezüglich 102
    dankend erhalten 103
    diesbezüglich 103
    einräumen 103
    einreichen 103
    einschlägig 103
    entgegensehend 104
    gedient 104
    gegebenenfalls 104
    gemäß 104
    gewähren 104
    in der Anlage 101
    in Höhe von 105
    Inangriffnahme 105
    Rechtsunterzeichner 106
    Rückäußerung 106
    Rücksprache 106
    Sachverhalt 106
    sich außer Stande sehen 105
    sich erlauben 105
    sich gestatten 105
    sich gezwungen sehen 105
    Stellungnahme 107
    unsererseits 107
    verbleiben 107
    vertrauensvoll 107
    Vorgang 108
    zwecks 108
Artvollmacht 78
Aufzählung 49
aus gegebenem Anlass 101
Ausdrücke, komplizierte 88
Auslandsanschrift 50
Auslassungspunkte 50

baldmöglichst 102
Bankleitzahl 52
Beglaubigungsvermerk 53
beinhalten 102
bekannt geben 102
Berufsbezeichnung 45, 46, 53
Bescheid 102
Beschwerden 138
Bestimmungsland 50
Bestimmungsort 50
Betreff 51
bezüglich 102

Stichwortverzeichnis

Bezugszeichenzeile 55, 68
Bindestrich 57
Blickfänger 21, 22
Blocksatz 58
Briefabschluss 59
Briefbeginn 18
Briefende 24
Briefkopf 66
Büchersendung 43
Buchungsbestätigung 182

Corporate Design 13
Corporate Identity 13, 14

dankend erhalten 103
Dankesbriefe 152
dezimale Teilungen 75
diesbezüglich 103
DIN 676 34, 42, 62
DIN 5008 13, 42, 54, 75
Doktortitel 38
Doppelformulierungen 83
Drohungen 116

Einladungen 158
  stilvoll absagen 128
einräumen 103
einreichen 103
einschlägig 103
Einstieg 18
Einzelvollmacht 78
E-Mail 61
entgegensehend 104
Entschuldigungsbriefe 165
Etikette 118, 183

Faltmarken 66
Fensterbriefhüllen 34
Firmenjubiläum 174
Flattersatz 58
Floskeln (→ auch Ärmelschonerdeutsch) 90
Formulierungen, belehrende 116
Füllwörter 90

Gattungsvollmacht 78
Geburt 177

Geburtstag 175
gedient 104
gegebenenfalls 104
Geldbeträge 75
gemäß 104
Generalvollmacht 78
Gesamtvollmacht 78
Geschäftsangaben 62, 67
gestatten 105
gewähren 104
Gliederung 33
Glückwunschbriefe 167
Grußformel 59

Hausnummern 47, 76
Heftrand 66
Höflichkeit 118
Hotelreservierungen 179

in der Anlage 101
in Höhe von 105
Inangriffnahme 105
Indikativ 94
Informationsblock 55, 67

Kalenderdaten 76
Kanzleideutsch 96
KFZ-Länderkennzeichen 50
Kommasetzung 64
Kommunikationszeile 56
Kondolenzbriefe 183
Konjunktiv 94
kundenorientiert schreiben 111

Laudatio 169
Lay-out 42, 66
Leideform 108
Lochmarke 67

Mahnung 200
Maßangaben 75
Mengenangaben 75
Mitteilungen, unerfreuliche 113
Mittestrich 72
Möglichkeitsform 94
Monstersätze 96

Neujahr 196
Norm 13

Ortsteilnamen 48

Partizipien 93
  überflüssige 86
Passiv 108
Post-Express 43
Postfachnummern 76
Postleitzahlen 76
Postskriptum 69
Preisanpassungen 188
Professor 39

Rechtschreibung, neue deutsche 13, 58
Rechtsunterzeichner 106
Reklamationen 141
Reklamationsbearbeitung 143
Rückäußerung 106
Rücksprache 106

Sachverhalt 106
Satzzeichen 70
Schrägstrich 72
Schriftarten 70
Schrifthöhe 70
Schriftstile 70
Schriftzeichen für Wörter 71
Seitennummerierung 70
Servicesatz 26
sich außer Stande sehen 105
sich erlauben 105
sich gezwungen sehen 105
Sie-Stil 111, 116, 117, 118
Sondervollmacht 78
Stellungnahme 107
Stockwerksangaben 48
Straßennamen 73
Streckenangaben 72
Streckformen 81
Superlative 95
Synonyme, überflüssige 85

Tatform 108
Teilbetreff 51

Teilungen, dezimale 75
Terminabsage 134
Terminänderung 134
Terminbestätigung 191
Terminzusage 191
Titel, akademische 45
Titelträger 38
überflüssige Adjektive 83
überflüssige Partizipien 86
überflüssige Synonyme 85
überflüssige Vorsilben 84
Übergabe-Einschreiben 43
Uhrzeit 77
unsererseits 107
Unterführungszeichen 72
Unterschrift 77
Uraltfloskeln → Ärmelschonerdeutsch

verbleiben 107
vertrauensvoll 107
Visitenkarte 13
Vorgang 108
Vorreiter 88
Vorsilben, überflüssige 84

Warensendung 43
Weihnachten 196
Weihnachtskarten 197
Wirklichkeitsform 94
Wohnungsnummer 48
Wortspiel 21

Zahlungserinnerung 200
Zeichen für
  „bis" 72
  „geboren" 72
  „gegen" 71
  „gestorben" 72
  „Nummer(n)" 72
  „Paragraph" 71
  „und" 71
Zeichnungsvollmacht 77
Zeilenabstand 74
Ziffern und Zahlen 75
Zitate 22, 199
zwecks 108

Danksagung

An dieser Stelle bedanke ich mich

- bei meinen Seminarteilnehmerinnen und -teilnehmern für die vielen Anregungen und Praxisbeispiele,
- bei meiner Mutter, die tatkräftig Korrektur gelesen hat
- sowie bei meinem Mann und meiner Tochter Jessica, die dafür Verständnis hatten, dass ich Zeit und Ruhe brauchte, um dieses Buch zu schreiben.

Schlusswort

Liebe Leserin,
lieber Leser,

wenn Ihnen mein Buch gefallen hat, freue ich mich sehr. Natürlich hätte es noch einige Themen gegeben, über die ich hätte schreiben können. Bei der Auswahl der Inhalte und Briefmuster habe ich mich jedoch auf die Inhalte konzentriert, die nach Aussage meiner Seminarteilnehmerinnen und -teilnehmer im Büroalltag die größten Schwierigkeiten verursachen.

Wenn Sie Anregungen für mich haben oder sich weitere Inhalte wünschen, dann werde ich dies – wenn möglich – bei der nächsten Auflage gern berücksichtigen. Sie können Ihre Vorschläge gern an meine E-Mail-Adresse juttasauer@web.de senden.

Ich wünsche Ihnen bis dahin viel Spaß beim Texten kreativer, floskelfreier Briefe.

Ihre

Jutta Sauer

Die Autorin

Jutta Sauer
JS Seminare & Coaching
Stettiner Straße 8
63843 Niedernberg
Telefon: 06028 996370
E-Mail: juttasauer@web.de
Internet: www.sauer-seminare.de

Jutte Sauer ist seit 1989 selbstständige Autorin und Trainerin für Office Management und Kommunikation. Ihr Motto: Weiterbildung muss Spaß machen!

Themenschwerpunkte

- schriftliche Kommunikation
- neue deutsche Rechtschreibung
- Corporate Identity
- Office-Management
- Teambuilding
- Konfliktmanagement
- konstruktive Gesprächsführung
- Persönlichkeit und soziale Kompetenz

Studium

- Staatlich geprüfte und gerichtlich vereidigte Dolmetscherin und Übersetzerin für Französisch
- IHK-geprüfte Dolmetscherin für Englisch und Französisch
- Diplom-Betriebswirtin (FH) mit den Studienschwerpunkten Absatz, Außenwirtschaft und Betriebspsychologie

Fachliche Weiterqualifizierung in den letzten fünf Jahren

- Gesundheits- und Stressmanagement
- Zertifizierte DISG-Trainerin
- NLP-Trainerin (DVNLP)
- Entspannungsterapeutin und -trainerin (TÜV-Zertifizierung)
- Systemischer Coach (nach ECA)
- Business- und Managementcoach (nach ECA)
- Teamentwicklung
- Energetische Psychologie

Veröffentlichungen

Bücher

▷ 1998 Geschäftsbriefe mit Stil, Gabler Verlag
▷ 2004 Praxishandbuch Korrespondenz, Gabler Verlag

Fachartikel

▷ Seit 2003 Veröffentlichung von mehr als 50 Fachartikeln bei der Zeitschrift working@office zu den Themen schriftliche und telefonische Kommunikation sowie neue Rechtschreibung.